Die neuen Lehren über die ICH BIN-Gegenwart
für die Neue Zeit

Saint Germain

Die neuen Lehren über die ICH BIN-Gegenwart für die Neue Zeit

übermittelt von
Ursula Allemann

ch. falk-verlag

Umschlaggestaltung: Dirk Gräßle
Satz: P S Design, Lindenfels
Druck: Druckerei Sonnenschein, Hersbruck

Printed in Germany
ISBN 978-3-89568-245-2

Inhalt

Teil 2

Teil 1

Ich bin Meister St. Germain und ich komme direkt aus der ICH BIN-Gegenwart, da ich sie schon lange vor der neuen Energie gelehrt habe.

Diese Lehren gelten natürlich immer noch – doch gibt es auch einige Änderungen in der Anwendung, da die neue Energie schneller und viel direkter reagiert als die alte Energie.

In der alten Energie bin ich noch als Meister und Lehrer erschienen, um meine Schüler direkt zu unterrichten.

Dieses Mal komme ich über den Kanal und vermittle die Lehren aus dem Unsichtbaren.

Ihr werdet sagen: Es wäre doch viel schöner, einen sichtbaren Lehrer zu haben. Doch in der neuen Energie geht es vor allem ums Spüren. Spürt ihr die neue Energie, spürt ihr, wie sie schnell und sehr sicher auf eure Wünsche reagiert? Doch ihr sollt auch realisieren, dass sie genauso schnell und sicher auf eure Ängste und Sorgen reagiert. Fürchtet ihr etwas – so wird es eintreten, denn diese Furcht muss gelöscht werden, damit ihr frei euren Weg gehen könnt. Dies ist nicht gedacht als Strafe oder Peitsche – dies ist die wahre Liebe, die euch ermächtigt, eure Programme vollkommen zu löschen und alles für euer Leben neu zu programmieren.

Seid achtsam!!!

Und berichtigt eure Gedanken, denn alles, was ihr sagt oder denkt – wird!

Ich Bin die Berichtigung meiner Gedanken.
Ich Bin meine friedfertigen,
vollkommenen Gedanken.
Ich Bin Gott in mir, und Gott in mir
denkt immer in Frieden und Liebe.
Ich Bin Gott in mir, und alle Gedanken,
die abweichen, werden in Licht aufgelöst.

So könnt ihr eure Gedankenwelt rein halten, damit keine unerwünschten Kreationen auftauchen.

Diese Gedankenberichtigung ist sehr wichtig für die Menschheit, damit nicht mehr so viele Disharmonien entstehen. Wenn der Mensch sich nicht bewusst wird, was er anrichtet mit seinen Gedanken, kann sich vieles nicht verändern. So gebe ich euch noch einige Sätze, die ihr einsetzen könnt.

Ich Bin die reinen Gedanken,
die sich manifestieren.
Ich Bin die reinen Gedanken,
die ich in die Welt hinaus schicke.
Ich Bin die reinen Gedanken, die in jedem Moment
zur Manifestation bereit sind.
Ich Bin meine Gedanken, die aus dem Gottselbst
kommen und mit reiner Absicht beladen sind.
Ich Bin die Gedanken, die vollkommen und rein
meine Zellen erfüllen und auch so verlassen.
Ich Bin zu jeder Zeit bereit,
meine Gedanken zu berichtigen.

Wenn ihr diese Sätze regelmäßig sagt, werdet ihr bald spüren, wie sich in euch etwas verändert und wie ihr freier werdet durch eure Gedankenmuster, die frei werden von Urteilen, Verurteilen, Werten und Polarisieren. So kann sich eure Gedankenwelt verändern und befreien von Kritik, die ja nur Unheil anrichtet.

Ich möchte, dass ihr immer sehr achtsam seid in dem, was ihr denkt und auch sagt. Und wenn ihr einmal unachtsam seid, spürt diesen Gedanken hinterher und berichtigt sie sofort. Seid immer bereit, eure Gedanken zu berichtigen – das ist sehr wichtig –, auch wenn ihr vielleicht denkt: „ach, es war ja nur einmal" – dies ist schon einmal zuviel.

Seid nie nachlässig – es geht um viel auf dieser Erde – es braucht Heilung hier und nicht noch mehr Zerstörung.

Vielleicht meint ihr, ich übertreibe – doch das ist nicht so. Ihr werdet schon bald spüren, was eure Worte oder auch Gedanken anrichten können, wenn die Manifestation immer schneller wird und sich eure Gedanken vor euren Augen manifestieren werden. Ihr werdet ganz schön erschrecken darüber, das kann ich euch versichern. Darum sage ich euch – werdet euch bewusst, was für eine Kraft eure Gedanken haben, und seid euch bewusst, was ihr damit anrichten könnt.

Das tönt vielleicht ein bisschen schulmeisterlich in euren Ohren, doch es ist mir wirklich ein Anliegen, euch zu vermitteln, wie wichtig dies ist.

Ich gebe euch ein paar Beispiele, und seid einmal ehrlich zu euch selbst – habt ihr noch nie solche Gedanken gehabt?

Ein Mann streitet sich mit einem Freund und in der Hitze des Gefechtes sagt er zu ihm: „Ich könnte dir den Hals umdrehen!" – Genau in diesem Augenblick wird irgendwo auf dieser Erde einem Menschen der Hals umgedreht. Und das geschieht jedes Mal, wenn jemand so etwas sagt.

„Ich bringe dich um!" Ich schneide dir die Zunge raus!" usw.

Und jetzt kommt ihr und sagt mir: „Das ist doch nicht so gemeint, das ist doch nur so dahergesagt!"

Ja, das glaube ich euch sogar – doch es wird dennoch manifestiert, und irgendwo muss es geschehen, denn jede Manifestation hat zu geschehen. So ist das universelle Gesetz.

Und es stimmt, wenn ihr jetzt meint, dass das ja richtig anstrengend werden kann – diese Gedankenkontrolle!

Ja, es ist harte Arbeit, und es erfordert eine ganze Menge Disziplin, diese Kontrolle immer wachzuhalten und immer anzuwenden.

Es ist ja nicht nur so, dass Gedanken Dinge manifestieren – die Gedanken erzeugen ja auch Emotionen, und die Emotionen müssen dann wieder gereinigt werden, damit die Erde nicht weiter so überlastet wird.

Ja, es gibt eine Menge zu tun für jeden Einzelnen auf diesem Planeten.

Fragt nicht – tut es einfach und es wird für alle zum Segen.

ICH BIN MEINE GEDANKENKONTROLLE,
DIE ZUM SEGEN FÜR DEN PLANETEN WIRD.

Ich Bin Meister St. Germain und ich grüße euch an diesem Abend.

Heute war ein Tag, an dem viele Aggressionen freigesetzt wurden – so war es möglich, diese Aggressionen zu transformieren.

Diese Aggressionen entstehen, weil sich der Mensch unter Druck fühlt, jedoch nicht so richtig weiß, woher diese Aggressionen kommen. Aggressionen sind immer Widerstand gegen die eigene innere Autorität – sprich, Gott!

Ich wehre mich also gegen mich selbst, gegen die Liebe, die ich bin.

Wenn ich mich annehme in meiner Göttlichkeit, kann ich gar nicht aggressiv sein – es ist einfach nicht möglich. Aggression ist immer Ego-Kraft, die sich gegen das Wahre in mir wehrt. So entsteht ein immerwährender Kampf, der erst endet, wenn ich mich in meiner Göttlichkeit akzeptiere.

Ich Bin Gott in mir.
Ich Bin die Göttlichkeit, die Ich Bin.
Ich Bin die Göttlichkeit, die mich lenkt.
Ich Bin die Göttlichkeit,
die immer stärker ist als mein Ego.
Ich Bin die Göttlichkeit,
die mein Herr und Gebieter ist.

So tasten wir uns an unser Gottselbst heran und lösen die Emotionen, die noch davorstehen, auf.

Aggressionen können sich nicht auflösen, wenn wir das Gefühl oder die Überzeugung haben, dass sie zu unserem Leben gehören. Erst wenn wir die Erfahrung machen, dass es auch ohne diese Emotionen geht und dass es sogar viel angenehmer ist, ohne diese mich bestimmenden Emotionen zu leben – erst dann kann ich anfangen, diese Emotionen aufzulösen.

Ich begebe mich in eine Emotionsfreiheit, die mich ohne Angst, ohne Sorgen, ohne Wut und ohne Trauer leben lässt. Das ist vielleicht für viele noch unvorstellbar – doch gibt es sicher auch Menschen, die wenigstens momentweise diesen Zustand kennen. Wenn ihr diesen Zustand schon erlebt habt, bitte ich euch jetzt, genau in dieses Gefühl einzutauchen und dann den Fokus auf diesem Gefühl zu halten.

Eine kleine Meditation

Schließe die Augen und spüre meine Anwesenheit. Du spürst ein Prickeln in deinen Zellen, und dieses Prickeln breitet sich aus in deinem Körper.

Nun nimm dieses Gefühl von Emotionsfreiheit, das du gefunden hast, und lasse es in dein Zellsystem fließen.

Lasse dir Zeit dabei.

Wenn du in irgendeiner Region deines Körpers ein Unbehagen oder ein Unwohlsein spürst – lasse Licht in diese Gegend fließen, bis das Unbehagen verschwindet. Versuche herauszufinden, woher das Unbehagen kommt und womit es zu tun hat, und dann schwemme es mit Licht weg oder lasse es ins Licht fließen.

Beide Richtungen sind okay, denn Gedankenmuster lässt du los – Emotionen integrierst du, und dann transformierst du sie in Licht und Liebe.

Mache diese kleine Meditation jeden Tag, bevor du am Morgen das Haus verlässt, und du wirst erstaunt sein, wie einfach dein Leben wird.

ICH BIN DIE EMOTIONSFREIHEIT,
IN DER ICH FRIEDEN FINDE.
ICH BIN DIE EMOTIONSFREIHEIT, DIE MIR AUF
ALLEN EBENEN EINE NEUE FREIHEIT BRINGT.

Ich danke für die Aufmerksamkeit, und so schließe ich für heute meinen Unterricht mit einem Segensspruch:

ICH BIN DIE FREIHEIT MEINES GEISTES, UND ICH DANKE
FÜR DIESE FREIHEIT, DIE MICH GLÜCKLICH MACHT.
ICH BIN DER GROßE SEGEN, DER MICH UMHÜLLT UND
DER MIR DIE NÖTIGE RUHE SCHENKT FÜR DIESE NACHT.
ICH DANKE ALLEN HELFERN UND SEGNE SIE.
IN LIEBE, VERBUNDENHEIT UND DANKBARKEIT.
EUER MEISTER ST. GERMAIN

Ich begrüße euch zu unserer heutigen Zusammenkunft. Ich freue mich, dass wir uns hier treffen dürfen.

Also, dann reden wir doch einmal ein bisschen von der Wissenschaft, der Metaphysik und auch von Geisteswissenschaften. In all diesen Bereichen finden wir einen gemeinsamen Punkt: Alle wollen immer alles beweisen – sogar das Unsichtbare und somit nur Spürbare soll bewiesen werden.

Es gibt in der Physik einen Begriff, der nennt sich Axiom – es ist vielleicht eine Zahl oder ein Begriff, den wir einfach annehmen und akzeptieren müssen, denn es ist aus Tausenden von Tests und Proben entstanden, und so hat man dies einfach als gegeben angenommen – doch es ist nicht wirklich beweisbar.

Ich bitte euch, prüft euch selbst einmal. Wenn ihr aus eurer Intuition heraus reagiert, fühlt sich das gut an und euer Leben verläuft in wundersamer Weise, doch ihr könnt nicht sagen, warum das so ist – ihr könnt es nicht beweisen. Ist es darum nicht real?

Eine kleine Meditation

Schließe die Augen und spüre meine Anwesenheit.

Wir besuchen heute unsere Zellen – wir tauchen ganz in unsere Zellen ein. Wenn wir den Kontakt zu unseren Zellen hergestellt haben, wenn wir die Zellen so richtig spüren, dann legen wir eine goldene Acht in die Zelle.

Ich Bin die Goldene Acht in meinen Zellen.

Dann beginnen wir die goldene Acht zu drehen – sie dreht sich in der Zelle nicht nur in der Fläche, sondern dreidimensional. Wie fühlt sich das an?

Ich Bin die Goldene Acht in meinen Zellen, die sich dreidimensional dreht.

So lassen wir diese Acht sich drehen und geben immer noch eine Dimension dazu – so kommen wir immer mehr in Schichten und Bewegungen, die wir nicht beweisen können, weil wir meinen, dass es gar nicht möglich ist – wie ist es denn möglich, sie zu spüren?

Ich Bin die Bewegung in meinen Zellen, und da ich sie spüren kann, wird diese Bewegung wirklich.

So wird etwas wirklich, ohne beweisbar zu sein. So wird Spüren zu Wissen, und Wissen ist plötzlich spürbar. Spüren wir noch einmal diese vielschichtige Bewegung und lassen wir diese goldene Acht sich noch einige Zeit in unseren Zellen drehen.

Fühlt sich das nicht wunderbar an? Kann denn so etwas Wunderbares unwirklich sein?

Spürt in euch hinein und stellt euch diese Frage – und hört gut zu, wenn die Antwort kommt.

Ich Bin der Beweis, dass spüren Wissen ist.

So freue ich mich, dass ihr das mit mir ausprobiert habt – übt weiter, und ihr werdet viele Geheimnisse in euch finden.

Ich Bin das große Wissen, das in mir liegt.

Ich segne euch und spreche euch meinen Dank aus.

Mögen die Zweifel weichen und das Vertrauen wachsen.

So sei es – ich bin mit euch

Ich bin mit euch und bringe euch Grüße aus den goldenen Städten.

Guten Abend – da sind wir wieder beisammen und setzen unsere Lektionen fort. Ich begrüße euch sehr herzlich.

Heute wollen wir uns mit den Wetterphänomenen beschäftigen. Wisst ihr, dass ihr daran beteiligt seid?

Ihr schaut den Wetterbericht, und dann schaut ihr durchs Fenster – stimmt es immer überein? Sicher nicht, denn die Meteorologen haben nicht alle Faktoren zur Verfügung, oder sie bedenken nicht, dass der menschliche Geist oder die Gedanken auch einen Einfluss haben auf euer Wetter.

Beobachtet einmal genau, was da draußen ist, und dann schaut in euch und lernt verstehen, dass es dasselbe ist.

Wenn ihr eure inneren Stürme nicht integrieren und besänftigen könnt – wie soll sich denn das Wetter beruhigen?

Wenn ihr es liebt, über das Wetter zu jammern, warum soll das Wetter denn besser werden?

Wenn ihr nicht dankbar sein könnt für jede friedliche, schöne Stunde – wie soll dann Frieden entstehen auf der Erde?

Da seid ihr nun erstaunt – ja, so ist es. Ihr habt einen Einfluss auf alles.

Regen ist Reinigung, Nahrung – doch es kann auch des Guten zuviel sein. Da kommt die Unersättlichkeit der Menschen zum Vorschein. Ihr meint immer, Mangel zu leiden – obwohl ihr immer alles habt, was ihr braucht.

Schnee ist auch Reinigung – doch ist er auch kristalline Erkenntnis – ihr wollt erkennen –, doch wenn euch die

Erkenntnis aus irgendeinem Grund nicht passt, nehmt ihr sie nicht an.

Ihr wünscht euch Erkenntnis – so entsteht ein Vakuum im Universum, damit diese Wünsche in Erfüllung gehen, und dann nehmt ihr sie nicht an. Versucht euch doch einmal vorzustellen, was dann passiert. Ihr schaufelt und schaufelt und schaufelt – doch da ihr nie genug bekommt, dürft ihr immer weiter schaufeln. Das macht doch Spaß oder nicht?

Ja, ich weiß, ihr findet es nicht so lustig – doch es ist doch wirklich ein kosmischer Witz, wenn ihr es genau betrachtet. Wir lachen manchmal schon ein bisschen, wenn wir euch so beobachten, wie ihr nicht umgehen könnt mit all den Dingen, die ihr kreiert habt.

Ich warte auf den Tag, wo ihr auch darüber lachen könnt – wo wir zusammen lachen können.

ICH BIN DAS FRÖHLICHE LACHEN.
ICH BIN DAS PERLENDE LACHEN.
ICH BIN DAS LACHEN, DAS DURCHS GANZE UNIVERSUM SCHALLT.
ICH BIN DAS LACHEN, DAS ANSTECKEND WIRKT.
ICH BIN DAS LACHEN, DAS MICH IM HERZEN ERFASST.
ICH BIN DAS LACHEN, DAS MICH HEITER MACHT.
ICH BIN DAS LACHEN, DAS MICH FRÖHLICH MACHT.
ICH BIN DAS LACHEN, DAS ALLES ERÜLLT.
ICH BIN DAS LACHEN.
ICH BIN DAS ICH BIN.

Findet ihr es nicht auch ansteckend?

So dürft ihr jeden Tag mehr erkennen, dass ihr alles kreiert, was um euch herum geschieht. Jedes Lachen, jede Träne kommt aus euch. Alles, was ihr tut oder eben nicht tut, kommt aus euch. Niemand sagt es euch, niemand befiehlt es euch – ihr seid die alleinigen Herrscher in eurem Leben.

Wollt ihr Sonne – so habt sonnige Gedanken, dankt der Sonne, dass sie immer wieder scheint.

Wollt ihr Regen – so denkt an die Erde, die den Regen braucht, um alles zum Wachsen zu bringen – doch seid auch sanft, denn der Regen kann sanft und heilsam sein oder auch zerstörerisch. Seid vorsichtig mit euren Wünschen – sie werden manifestiert, so wie ihr es wollt.

ICH BIN DIE MAẞVOLLE KREATION.

So wünsche ich euch nun eine gute Nacht – seid immer achtsam mit dem, was ihr euch wünscht.

ICH BIN DER NACHTSEGEN,
DER ÜBER EUCH ERGOSSEN WIRD.
ICH BIN DIE FREUDE, DIE MICH AUCH
IN MEINEN TRÄUMEN BEGLEITET.
ICH BIN DIE REISEN IN DER NACHT,
DIE MIR KLARHEIT BRINGEN.
DANK SEI FÜR ALL DIE HERRLICHEN GABEN,
DIE JEDEN TAG BEI MIR ERSCHEINEN –
DANK SEI FÜR ALLES IN MEINEM LEBEN.

So verlasse ich euch nun für kurze Zeit – seid gesegnet in all eurem Tun, eurem Denken und Sprechen.

ICH BIN MEISTER ST. GERMAIN UND ICH LIEBE EUCH.

Ich grüße euch zur heutigen Zusammenkunft.

Ich bin mir bewusst, dass ihr viele Dinge nicht so verstehen könnt, wie sie wirklich sind. Das liegt daran, dass ihr noch im menschlichen Denken festsitzt und für vieles eine bestimmte Abfolge haben müsst, um etwas zu verstehen. So will ich versuchen, euch dies ein bisschen zu veranschaulichen.

In der Numerologie nehmen wir den Punkt als die Eins – wenn wir zwei Einsen haben, verbinden wir sie mit einer Linie – das ergibt die Zwei – wenn wir einen dritten Punkt nehmen und diesen mit den anderen verbinden, ergibt das ein Dreieck und somit die Drei.

So geht das auch bei einer Kreation: Ihr habt ein Bedürfnis – dann wünscht ihr euch das, was dieses Bedürfnis stillen kann – ihr denkt euch aus, was das sein könnte –, und aus diesen Gedanken entsteht dann das, was ihr euch wünscht. Kinder können das viel besser, denn sie zweifeln nicht. Sie wünschen sich etwas und sie bekommen es – manchmal nicht genau auf dem Weg, der uns bekannt ist –, und doch wird ganz automatisch das ins Leben fließen, was sich die Kinder gewünscht haben. Wie oft habt ihr schon gesagt: „Ach, so ist das – das ist doch gar nicht möglich!" Und doch ist es genau so geschehen.

ICH BIN DIE REINE ABSICHT IN ALL MEINEN KREATIONEN.
ICH BIN DIE REINE ABSICHT IN MEINEN GEDANKEN.
ICH BIN DIE REINE ABSICHT IN MEINEM LEBEN.
ICH BIN DIE REINE ABSICHT, DIE MICH LEITET.
ICH BIN DIE REINE ABSICHT,
DIE IN MEINEM MITTELPUNKT STEHT.

Diese reine Absicht ist sehr wichtig – kein Vorteilsdenken, keine Berechnung – nur reine Absicht.

Stellt euch einmal vor, wie viel ihr euch schon gewünscht habt und es ist nicht in Erfüllung gegangen. Es liegt jedoch in der Lichtwelt bereit – da die Absicht oder die Motivation nicht gestimmt hat, konnte es noch nicht manifestiert werden. Diese Wünsche warten da oben auf euch, und sobald ihr einen Lichtkanal visualisiert, werden diese Wünsche wie auf einer Rutschbahn in euer Leben plumpsen.

Ist das nicht eine tolle Vorstellung???

Mir gefällt es, euch dies zu sagen – so könnt ihr euch besser vorstellen, wie das funktioniert.

Da es in diesen Dimensionen keine Zeit gibt, ist jeder Wunsch sofort da, und es ist lustig für uns zu sehen, dass viele dieser Wünsche nie abgeholt werden. Manche werden auch abgeholt – doch sie werden dann nicht angenommen – sie hängen so quasi zwischen Himmel und Erde, und manchmal landen sie dann eben irgendwo, wo sie dankbar angenommen werden. Nur erkennt das eigentlich keiner.

So lustig ist der Mensch manchmal in seinem Nichtsehenkönnen oder in seinem Nichthörenkönnen – schade eigentlich nur, dass der Mensch das selbst kaum lustig findet!

ICH BIN DAS ABHOLEN MEINER KREATIONEN.
ICH BIN DAS ANNEHMEN MEINER KREATIONEN.
ICH BIN DAS ICH BIN.
ICH BIN DAS ICH BIN.
ICH BIN DAS ICH BIN.

So wünsche ich euch eine gute Nacht mit euren Wünschen.

Ich Bin die vollkommene Nachtruhe,
die alle Zweifel zum verschwinden bringt,
die mir meine Wünsche erfüllt
und zur Erde bringt und die mich tun lässt,
was ich eben in der Nacht zu tun habe –
ich erfülle meine Aufgabe
und ich erfülle mir meine Wünsche.
Ich Bin die Fülle Gottes in meinen Händen
zu meinem Gebrauch.

So sei es – alles ist gut.

Ich Bin Meister St. Germain
und ich spreche auch heute zu euch.

Über die Ich Bin-Gegenwart kann ich in meinem Leben alles haben, was aus der reinen Absicht kommt. Doch ich muss gut in die Sätze hineinspüren, wenn ich sie kreiere, und ich darf sie nur aus der Ruhe heraus sagen, denn wenn ich sie mit einem verzweifelten Emotionalfeld benutze, bringen sie mir nicht wirklich das, was ich möchte.

Im Satz selbst ist bereits die Verwirklichung, die Überzeugung vorhanden, dass das, was ich kreiere, bereits geschehen ist.

Diese Anwendung ist nicht immer so einfach, denn der Mensch denkt gerne und viel und darum fällt es ihm schwer, den Inhalt so eines Satzes gleich wieder zu vergessen.

Also gebe ich euch nun ein Beispiel aus dem Alltäglichen:

Ich gehe einkaufen und möchte, dass alles reibungslos abläuft, dass ich nicht allzu lange warten muss und dass ich überall zur richtigen Zeit bin – so sage ich am Morgen, bevor ich aus dem Haus gehe:

Ich Bin die gebietende, lenkende Gegenwart,
die alles vor mir bewegt, und ich befehle all
meinem Tun, all meinen Worten und all meinen
Gedanken Frieden und Wohlklang.

So kann ich mich ruhig auf den Weg machen und es wird alles wunderbar ablaufen – außer wenn ich mir wieder

Gedanken mache darüber – denn wenn ich das tue, stoppe ich meine Kreation, ich rufe sie wieder zurück.

Also brauche ich die Überzeugung schon, wenn ich die ICH BIN-Gegenwart in Bewegung setze, und dann bleibe ich dabei und bringe keine Störungen hinein – dann könnt ihr immer überzeugt sein, dass es auch wirklich klappt.

So ist der Ablauf – ich kreiere mir einen Satz – dann bringe ich ihn mit dem Aussprechen in Bewegung – dabei kann ich den Satz einfach in mir tragen, oder ich kann ihn laut und bestimmt sagen. Probiert es auf beide Arten aus und wählt die Variante, die ihr für euch als besser erlebt. Wenn ich den Satz gesagt habe und er so in Bewegung ist, sage ich Dank für die Kreation und vergesse, dass ich etwas gesagt habe.

So wirkt er am besten und ich kann nur noch ernten.

Es braucht natürlich viel Übung, da der Mensch ja soviel zweifelt und es dann doch nicht glauben kann.

Wenn ihr denkt: Na, dann probier ich das doch einmal – und einen ICH BIN-Satz einfach so vor euch hinsagt – und das ohne Überzeugung –, dann werdet ihr wohl nicht so viel Erfolg haben damit.

Spürt in diese ICH BIN-Gegenwart hinein, spürt die Worte, spürt die Bedeutung, die Motivation und die Absicht, die ihr hineinlegt, und sagt wirklich aus dem Herzen danke, dann kann nichts schiefgehen.

All diese Punkte zusammen bewirken die Erfüllung eurer Wünsche.

ICH BIN DIE ERFÜLLUNG.
ICH BIN DIE REINE ABSICHT.
ICH BIN DIE LAUTERE MOTIVATION.

Ich Bin die Erfüllung meiner Wünsche,
die aus dem Herzen kommen.
Ich Bin das Ich Bin.

Ich gebe euch eine kleine Aufgabe: Spürt einmal in diese zwei Sätze hinein – zuerst nehmt ihr den Satz:

Ich Bin die/der Ich Bin.

Dann wechselt ihr auf den Satz:

Ich Bin das Ich Bin.

Seid achtsam und versucht herauszufinden, ob es einen Unterschied gibt, und wenn es einen Unterschied gibt, wie fühlt er sich an?

Ich Bin die erholsame Nachtruhe

Ich wünsche euch viel Spaß beim Herausfinden, was es so auf sich hat mit diesen beiden Sätzen.

Ich Bin Meister St. Germain und ich freue mich,
dass ihr so aufmerksam zuhört. Danke.

Herzlich begrüße ich euch heute Abend und will euch erklären, wie das funktioniert mit diesen beiden Sätzen. Habt ihr geübt? Und was habt ihr herausgefunden?

Es gibt einen Unterschied – er ist sicher schwierig zu beschreiben – doch es gibt ihn tatsächlich.

ICH BIN DIE ODER DER ICH BIN.

Dieser Satz zeigt mir eher die äußere Hülle – ich bin eine Frau oder ein Mann – ich bin groß oder klein – ich habe lockige Haare usw.

Er zeigt eher meine Persönlichkeit, die ich nach außen ausstrahle – ich spüre meine Ausstrahlung nach außen – ich spüre, wenn ich diesen Satz sage, eine Bewegung von innen nach außen.

ICH BIN DAS ICH BIN.

Das ist der Satz, der mich in meinen tiefsten Wesenskern bringt. Ich komme nach innen und ich spüre mein Inneres. Dieser Satz bringt mir eine ganz besondere Ruhe, die trägt.

Versucht es immer wieder, und dann versucht das, was ihr spürt, in Worte zu fassen. So kommt ihr eurem Inneren einen großen Schritt näher.

Es gibt natürlich auch noch andere Worte, die Ruhe und Frieden bringen, wenn ihr in sie eintaucht.

ICH BIN DIE AUFERSTEHUNG UND DAS LEBEN.

und

ICH BIN DER WEG, DIE WAHRHEIT UND DAS LEBEN.

Übt mit diesen zwei Sätzen und versucht auch da herauszufinden, wo sie in euch anklingen.

Es sind große Worte, die ja auch Jesus gepredigt hat. Nur haben die Menschen damals gemeint, diese Worte seien einfach für Jesus und vielleicht noch für seine Jünger – doch er hat sie uns allen gebracht – er hat sie uns geschenkt, damit wir sie brauchen und anwenden. Er hat sie uns geschenkt, damit wir uns in unserem Wesen kennenlernen können.

Er hat einen großen Fußabdruck auf diesem Planeten hinterlassen, in den ihr nun treten könnt. Er hat nicht einfach so gesagt:

DIES ALLES WERDET IHR TUN UND NOCH VIEL MEHR.

Er hat es so gemeint. Er sagt damit: Beginnt zu arbeiten mit der ICH BIN-Gegenwart und lernt weiter und mehr – bis ihr zu Meistern geworden seid und aufsteigen könnt mit euren Körpern. So könnt ihr das Rad von Tod und Wiedergeburt verlassen. So könnt ihr wahrhaft aufsteigen, ohne durch die Todeserfahrung zu gehen. Es ist dann einfach nicht mehr nötig.

So lasse ich euch diese Nachricht jetzt verdauen und verarbeiten.

Ich wünsche euch eine gute Nacht – ihr werdet entweder gut schlafen oder viel träumen. Lasst euch überraschen.

ICH BIN MEISTER ST. GERMAIN
UND ICH DANKE EUCH FÜRS ZUHÖREN.

Seid herzlich gegrüßt, ihr Lichter der Welt!

Habt ihr fleißig geübt mit den schönen Worten von Jesus Christus, der heute als Sananda bei uns ist.

Was klingt an im Innern, wenn ihr diese Worte laut oder lautlos sagt?

ICH BIN DIE AUFERSTEHUNG UND DAS LEBEN.
ICH BIN DIE AUFERSTEHUNG UND DAS LEBEN.
ICH BIN DIE AUFERSTEHUNG UND DAS LEBEN.

Eure Körperstrukturen verändern sich – es wird dabei alles in Balance gebracht. Es ordnet sich neu und macht sich bereit für einen weiteren Schritt. Die Auferstehung findet in eurem Inneren statt. Es ist ein Vorgang, der auf Zellebene stattfindet und der alles verändert.

ICH BIN DER WEG, DIE WAHRHEIT UND DAS LEBEN.

Hier werdet ihr angewiesen, Jesus Christus als Weg anzusehen, und damit ist nicht die Person Jesus gemeint, sondern die Energie des Christusbewusstseins. Wir leben nun in der neuen Energie, im neuen Christusbewusstsein. Dieses Bewusstsein ist jedem Menschen zugänglich, wenn er beginnt, mit diesem Bewusstsein zu arbeiten.

ICH BIN – ICH BIN – ICH BIN

Sagt das jeden Tag, wenn ihr aufsteht, wenn ihr arbeitet, wenn ihr ruht, wenn ihr esst, wenn ihr trinkt und wenn ihr abends wieder zu Bett geht. Tragt es immer in euch.

Sagt es leise vor euch hin und spürt, was mit euch geschieht. Dieses ICH BIN hat nichts zu tun mit eurem

Ego, das sich in den Vordergrund drängt, in dem es immerzu sagt: ich, ich, ich – spürt wieder in euch hinein.

Das Ich-Bewusstsein des Egos fühlt sich nicht gleich an wie das ICH BIN-Bewusstsein, das aus eurem höheren Selbst spricht.

Die ICH BIN-Gegenwart spürt ihr nur, wenn ihr in die Stille geht – wenn ihr tagsüber das ICH BIN in euch tragt, könnt ihr es vielleicht nicht spüren – doch am Morgen und am Abend, wenn ihr in die Stille geht, dann kommt es hervor und zeigt sich euch, denn es wird gestärkt, wenn ihr es immer in euch tragt.

Es ist toll zu sehen, wie ihr innerlich wachst, sobald ihr anfangt, mit der ICH BIN-Gegenwart zu arbeiten. Euer Lichtfeld weitet sich aus, wird heller und heller, es wird stärker und stabiler. Auch wenn ihr es noch nicht wirklich spüren könnt, sehen wir die Veränderung bereits.

Hört nie auf damit – verlasst diese ICH BIN-Gegenwart nie mehr, denn wenn ihr das tut, wendet ihr euch ab von euch selbst, und das hat fatale Folgen in der jetzigen Zeit. Die neue Energie geht gerade aufs Licht zu, sie hat nur diesen einen Fokus und diesen einen Zweck – so könnt ihr euch vielleicht vorstellen, was geschieht, wenn ihr euch davon abwendet.

Es hat ähnliche Folgen, wie wenn ihr einen Lichtboten ablehnt, wenn ihr einen Lichtboten, der euch das Beste bringt, wegschickt. Das hat zur Folge, dass diese Seite so verstärkt wird, dass ihr es vor lauter Licht gar nicht mehr aushalten könnt. Ihr fangt an zu leuchten, und weil ihr ja nicht leuchten wollt, werdet ihr vom Licht verbrannt. So richtet sich das segensreiche Licht gegen euch, weil ihr es nicht annehmen könnt.

Darum geht es den Menschen manchmal schlecht, wenn sie Besuch bekommen von einem Engel. Sie drehen irgendwie durch und das tut ihnen nicht gut. Durch die Ablehnung wird die Kraft immer verstärkt. Wenn ich etwas in mir ablehne, richtet es sich gegen mich – das ist mit allem so, das ich nicht annehmen kann.

Wenn ich bei einem Besuch von einem Engel das Licht, das er bringt, annehmen kann, können Wunder geschehen – ich begegne meinem eigenen Engel, der in mir nur darauf wartet, gesehen und angenommen zu werden. Das ist der Vorgang, den die Leute meinen, wenn sie sagen, dass Liebe töten kann – ja, das ist möglich, wenn ich die Liebe, die ich bin, nicht annehmen und leben kann. Ihr werdet das wohl nicht verstehen und doch ist es so. Die meisten Menschen lehnen die dunklen Aspekte in sich zuerst einmal ab, sie wollen nicht sehen, dass auch diese Seiten zu ihnen gehören – so verstärken sie diese Seiten so sehr, dass sich diese Kräfte gegen sie wenden. Das Gleiche kann jedoch auch mit unseren hellen Seiten geschehen, und auch diese können zerstören, wenn wir sie nicht liebend annehmen und pflegen.

So ist das gemeint. Seid ihr jetzt schockiert?

Ich kann das verstehen und doch ist es so, dass in der neuen Energie die Zeit immer näher kommt, wo wir alles in uns annehmen müssen. Ich sage extra müssen, obwohl ich dieses Wort sonst nicht gebrauche – warum, werde ich euch ein anderes Mal erklären, denn die Menschen werden immer mehr zu Veränderungen gezwungen. Nun werdet ihr sagen – ja, und unser freier Wille? Ja, den habt ihr immer noch, doch es ist immer wichtiger, kluge Entscheidungen zu treffen.

Ich Bin die Entscheidungen,
die mich ins Licht führen.
Ich Bin die klugen Entscheidungen,
die mir den Segen bringen.
Ich Bin die klugen Entscheidungen,
die mich dem Aufstieg nahebringen.
Ich Bin die Weisheit, die mich führt und lenkt.
Ich Bin die Weisheit und das Wissen,
das ich nun brauche, um diese Dinge
wirklich und wahrhaftig zu verstehen.
Ich Bin die Weisheit und das Wissen,
das mich begreifen lässt,
was diese Lehren mir sagen.

Ich verabschiede mich für heute – erholt euch gut und bis bald.

Ich Bin Meister St. Germain.
So sei es.

Seid gegrüßt, ihr Tapferen – da bin ich wieder.

Ja, das ist so – es ist nicht so einfach für euch, ins Licht zu gehen, denn das heißt: alles loslassen. Und mit *alles* meine ich wirklich alles.

Da gehören auch alle Dinge dazu, die ihr meint, nicht zu können, nicht zu beherrschen, weil ihr sie noch nie getan habt.

Jeder Mensch hat Talente, die noch im Verborgenen liegen – holt sie hervor, dazu sind die Herausforderungen da, um diese Talente und euer ganzes Potenzial hervorzubringen. Das Loslassen unterstützt diesen Vorgang, denn nur in der Leere können sich diese Dinge ereignen.

Sagt niemals „ich kann nicht“ – denn wenn ihr das sagt, blockiert ihr euch vollkommen. Sagt bei allem, was ihr tut, „ja, ich kann das“, „ja, ich mache das“. Die Eingebungen werden kommen – ihr werdet immer wissen, was zu tun ist.

In der neuen Energie funktionieren diese Dinge halt anders – manchmal können Dinge, die ihr gelernt habt, noch helfen – doch oft hindern diese Dinge nur, neue Wege und neue Abläufe zu sehen. Darum ist es oft hilfreich – nichts zu wissen und nichts zu können. Im Lernen liegt große Weisheit – tausendmal wurde etwas gleich gemacht, und nun ist es Zeit, das genau Gleiche anders zu machen. Ihr habt die Chance dazu. Nutzt sie!

ICH BIN DIE CHANCE, DIE ICH JETZT BRAUCHE.
ICH BIN DIE VOLLKOMMENE CHANCENAUSWERTUNG.
ICH BIN DIE CHANCE, DIE ICH NUTZE.
ICH BIN DAS ICH BIN.

Ich Bin das Ich Bin in allem, was ich tue,
in allem, was ich denke, in allem, was ich sage.
Ich Bin das Ich Bin
Ich Bin das Ich Bin, und das leuchtet
durch alles, was ich aufbaue, es leuchtet
durch alle Strukturen des Aufbaus.
Ich Bin das Ich Bin, und das wirkt überall,
wo Ich Bin, wo ich arbeite und helfe.
Ich Bin das Ich Bin, und nur Gott handelt dort,
wo wir Projekte aufbauen.

So könnt ihr alles aufbauen, was ihr wollt und wie ihr es wollt – gebt einfach immer die Ich Bin-Kraft mit hinein.

Sagt viel und bei allem, was ihr tut:

Nur Gott handelt dort.
Nur die Ich Bin-Gegenwart waltet dort.

Und schon werden alle Störungen beseitigt und transformiert – kümmert euch nicht darum, was geschieht, denn das, was geschieht – das muss geschehen, denn die Menschen dort haben genau das gewählt, um zu wachsen und geheilt zu werden.

Lasst euch nicht beirren – geht fröhlich vorwärts und beachtet die Störungen nicht – übergeht sie einfach, ohne ihnen eine Bedeutung zu geben.

So werden immer weniger Hindernisse auf eurem Wege sein, die ihr wegräumen müsst. So habt ihr eure volle Energie für all die Dinge, die nun wichtig sind.

Geht noch mehr nach innen – hört gut, was euch das höhere Selbst mitzuteilen hat – stellt euch immer wieder neu auf Situationen ein und nutzt eure Chancen. Sie sind immer da – sie liegen vor euch – ihr müsst sie nur packen und sie nutzen.

Ich wünsche euch viel Glück bei eurem Tun – ich bin mit euch und unterstütze euch zu jeder Zeit.

Und so wünsche ich euch eine erholsame Nacht – wir sehen uns bald.

ICH BIN MEISTER ST. GERMAIN.
SO SEI ES.

Seid gegrüßt – da sind wir wieder versammelt an diesem Ort.

Ich möchte heute ein bisschen von Versöhnung und Vergebung sprechen. Die meisten Menschen haben enorme Mühe mit diesem Thema. So beginnen wir heute mit einem Aufruf an das Gesetz der Verzeihung.

ICH BIN DAS GESETZ DER VERZEIHUNG.
ICH RUFE DICH AN, GESETZ DER VERZEIHUNG.
ICH BIN DIE VERZEIHUNG UND DIE VERGEBUNG.

Was ist denn so schwierig an diesem Gesetz?

Der Mensch sagt schnell: Komm, vergessen wir das einfach! Doch dieses Vergessen ist nicht Verzeihen oder Vergeben – es ist eben Vergessen. Wenn ihr einen Streit einfach vergesst und dann so tut, als ob nichts gewesen wäre – ist das nicht Verzeihen, sondern Verdrängen. Verdrängung verstärkt jedoch das Problem und lässt euch dadurch nicht in Ruhe. Es zeigt sich in vielen Formen und Facetten. Und es verändert die Form manchmal so stark, dass ihr das wirkliche Problem gar nicht mehr erkennen könnt. Es geht soweit, dass ihr es sogar ablehnt, wenn euch jemand darauf aufmerksam macht.

Also ist es wichtig, dass ihr zuerst erkennt, ob ihr etwas verdrängt oder ob ihr wirklich aus ganzem Herzen verzeihen könnt. Wenn ihr verzeiht, löst sich das Problem in Licht und Liebe auf und ihr habt nichts mehr zu tun damit. Es ist, als hätte es gar nie wirklich existiert.

So machen wir wieder einmal
eine kleine Meditation zusammen:

Schließt eure Augen und atmet ein und aus.

Nun lasst ihr Licht durch eure Zellen fließen – lasst es fließen, bis alle Zellen gefüllt sind mit diesem hellen Licht.

Dann füllt ihr auch euer Herz mit diesem hellen Licht.

Und nun öffnet euer Herz wie eine Blüte, die sich der Sonne öffnet am frühen Morgen, wenn der Tag erwacht.

Spürt, wie dadurch alle Zellen geöffnet werden und es warm durch euren Körper pulsiert.

Mit diesem Gefühl ruft ihr noch einmal das Gesetz der Verzeihung an:

ICH BIN DAS GESETZ DER VERZEIHUNG
UND ICH VERGEBE MIR UND ALLEN,
DIE MICH IN IRGENDEINER WEISE VERLETZT HABEN.
ICH BIN DIE VERGEBUNG,
DIE AUS MEINEM OFFENEN HERZEN KOMMT.
ICH BIN DIE VERGEBUNG, DIE KEINE ÜBERRESTE
ZURÜCKLÄSST, DIE ALLES AUFLÖST UND TRANSFORMIERT.
ICH VERGEBE – ICH VERZEIHE.

Wie fühlt sich das an?

Erleichterung, Befreiung und vielleicht auch Zufriedenheit fließen nun durch euren Körper und nehmen alles Unangenehme, das noch da war, weg aus euren Zellen.

So danke ich euch für eure Aufmerksamkeit und wünsche euch eine gute, erholsame Nacht.

ICH BIN MEISTER ST. GERMAIN.
SO SEI ES.

Seid ein weiteres Mal herzlich gegrüßt hier und jetzt.

ICH BIN DAS ICH BIN.

Stellt euch einmal eine helle Lampe vor, die in einem Raum steht – was geschieht? Die Insekten fliegen diesem Licht zu, ob es sie umbringt oder nicht. Wenn sie dem Licht zu nahe kommen, verbrennen sie sich, und sie sind erst zufrieden, wenn sie der Lichtquelle so nah gekommen sind, dass sie eben verbrennen.

Doch wie ist das bei den Menschen?

Ein Leuchtturm strahlt in die Gegend und hilft den Menschen, sich zu orientieren – sie finden ihren Weg durch dieses Licht.

Der Leuchtturmwächter und auch der Hüter der Dimensionstore sind einsame Menschen. Sie werden nicht von vielen gesehen, und auch wenn sie jemanden gerettet haben, werden sie oft vergessen. Das ist ihr Leben.

ICH BIN DAS LICHT, DAS HINAUSSTRAHLT IN DIE WELT.
ICH BIN DAS LICHT,
AN DEM SICH JEDER ORIENTIEREN KANN.
ICH BIN DAS LICHT, DAS STRAHLT –
AUCH WENN ES NICHT GESEHEN WIRD.
ICH BIN DAS LICHT, DAS STRAHLT UND STRAHLT.

Und dieses Licht strahlt auch, wenn der Hüter bittere Tränen weint über seine selbstgewählte Einsamkeit. Ja, das ist wirklich bitter, da hinauszuschauen und nicht dabeizusein! Doch es braucht solche Hüter, die wissen, welche Attribute ein Mensch haben muss, um das Tor passieren zu können. Menschen, die die Bereitschaft nicht haben, dürfen noch nicht durch das Tor, das würde zuviel Unheil anrichten. Es braucht also jemanden, der genau weiß, welche Menschen da durch dürfen und welche noch ein bisschen warten müssen.

Wer durch die Tore will, hat schon eine lange Wegstrecke hinter sich, und er hat schon viele Lektionen gelernt. Er hat sich für das Licht entschieden, vorbehaltlos und sicher.

Dazu braucht es viel Vertrauen, Mut, Disziplin und Durchhaltewillen. So kann die Liebe, die ihr seid, wachsen und gedeihen. Und so werdet ihr zu dieser Liebe.

ICH BIN LIEBE, ICH BIN LIEBE, ICH BIN LIEBE.

So wünsche ich euch eine gute Nacht mit einem schönen Bad in dieser Liebe.

ICH BIN MEISTER ST. GERMAIN.
SO SEI ES.

Ich grüße euch, ihr tapferen Lichtarbeiter – es ist schön zu sehen, wie der Planet immer heller und heller wird.

Ich Bin die Fülle Gottes.

Dieser Satz beinhaltet sehr viel – spürt einmal in ihn hinein. Was ist denn diese Fülle Gottes?

Wenn ihr in der Fülle Gottes steht, kennt ihr keinen Mangel. Ihr habt immer alles, was ihr braucht. Wenn ihr einen Mangel spürt, könnt ihr einmal schauen, ob ihr die Türen für die Fülle auch wirklich offen habt – lasst ihr diese Fülle wirklich in euch hereinfließen? Oder blockt ihr sie irgendwo ab?

Ihr steht immer in dieser Fülle, ihr könnt sie nehmen und sie genießen, oder ihr könnt sie draußen lassen und an Mangel leiden. Das ist immer eure Entscheidung.

Manchmal ist es nicht so klar ersichtlich, wo die Blockade liegt, wo ihr sie suchen müsst, darum machen wir wieder einmal eine kleine Meditation:

Schließt eure Augen und lasst euch ganz auf die Energie ein, die euch umgibt. Lasst sie in euch hineinströmen und nehmt sie richtig auf.

Nun bildet ihr mit dieser Energie die Goldene Acht und lasst sie in eure Zellen fließen. Wenn sie in euren Zellen angekommen ist, lasst sie sich drehen, immer schneller und schneller. Es ist dann wie bei einem Kreisel, je schneller er sich dreht, umso weniger Konturen oder Muster könnt ihr sehen – ein fester Gegenstand, der eine bestimmte Form und bestimmte Farben hat, löst sich vor unseren Augen auf, einfach durch diese schnelle Bewegung. Wenn ihr euch selbst wie ein Kreisel bewegt, geschieht das Gleiche – eure Konturen und Formen lösen sich auf und ihr seid nicht mehr erkenntlich.

Denkt darüber nach – so könnt ihr alles auflösen, was euch noch im Wege steht – einfach nur durch diese schnelle Bewegung.

ICH BIN DIE SCHNELLE BEWEGUNG,
DIE ZUR AUFLÖSUNG ALLER BLOCKADEN FÜHRT.

Es ist die schnelle Drehbewegung – so wie eine Pirouette – die zu diesem Phänomen führt. Eine aufwärts führende Spirale, die in sich immer schneller wird.

Übt das viel, damit ihr vorbereitet seid für euren Aufstieg.

So wünsche ich euch eine spiralige Nachtruhe mit einer schönen Reise ins Nichts des Lichtes.

ICH BIN MEISTER ST. GERMAIN.
SO SEI ES.

Ich Bin Friede.

Seid gegrüßt und Friede sei mit euch!

Frieden ist ein Zustand, den ihr in euch findet – nicht da draußen in der Welt. Wenn ihr in den Frieden in euch eintretet, arbeitet ihr für den Frieden auf dem Planeten – wenn ihr euch hingegen gegen etwas stellt, verstärkt ihr diese Energie und der Krieg wird nie aufhören.

So steht immer in der reinen Absicht, Frieden zu kreieren, und der Friede wird überall entstehen. Er wird sich ausbreiten wie das Magnetgitter, das sich über die Erde zieht und das so vieles ermöglicht für euch.

Ich Bin Frieden in mir.
Ich Bin Frieden.
Ich Bin Frieden in mir.
Ich Bin Frieden.

So kann Frieden entstehen für euch alle.

Friede sei in euch und Friede sei mit euch zu jeder Zeit.

Ich Bin Meister St. Germain und ich liebe euch.

Ich Bin Liebe.

Ich grüße euch und bringe euch die Liebe mit.

Liebe ist überall, Liebe ist Licht, Licht ist Liebe, Gott ist die Liebe und die Liebe ist Gott.

Alles, was da ist auf diesem Planeten, ist Liebe – alles, was da geschieht auf diesem Planeten, geschieht aus Liebe – alle Prüfungen, denen ihr begegnet, geschehen aus Liebe.

Das ist sehr schwer zu verstehen für den Menschen, und doch ist es die Wahrheit.

Sucht in allem, was ihr erlebt, die Liebe – sie ist immer da, auch wenn ihr sie nicht sehen könnt und manchmal auch nicht sehen wollt.

Und solange ihr nicht hinsehen wollt, werden immer wieder Dinge geschehen, die euch genau darauf hinweisen. So funktioniert das Leben auf diesem Planeten.

Es wird so viel gefragt: „Warum lässt Gott das zu?“

Es ist niemals Gott, der dies zulässt, denn Gott ist einfach Energie, die da ist und die wir benutzen dürfen. Gott ist die Liebe, und er lässt euch die Erfahrungen machen, die ihr braucht, um zu wachsen, um euch zu transformieren.

Der Mensch ist es, der diese Energie nimmt und etwas kreiert daraus – ihr habt in jedem Augenblick die Wahl, was ihr kreieren wollt.

Also schiebt niemals die Schuld Gott zu, denn er ist einfach Liebe, und Liebe kann nicht schuldig sein. Wenn ihr immer aus dieser Liebe heraus handelt, werdet ihr niemanden verletzen, denn dann seid ihr urteilsfrei, wertfrei und richtfrei. Das bringt euch auch in einen Zustand der Angstfreiheit, den ihr zwar immer anstrebt, den ihr jedoch nicht erreichen könnt, wenn ihr im Glauben steht, dass Angst zum Leben gehört.

ICH BIN FREI VON ANGST.
ICH BIN FREI VON URTEIL.
ICH BIN FREI VON WERTUNGEN.
ICH BIN FREI VON RICHTEN.
ICH BIN FREI.

Seht die Vollkommenheit in allem, was da ist – seht die Vollkommenheit auch in der vermeintlichen Unvollkommenheit – denn dann seid ihr wirklich frei.

ICH BIN DIE VOLLKOMMENHEIT IN ALLEN DINGEN.
ICH BIN DIE VOLLKOMMENHEIT,
DIE MEIN LEBEN BESTIMMT.
ICH BIN DIE VOLLKOMMENHEIT,
DIE ICH MIR ZU JEDER ZEIT KREIERE.

Gott macht keine Fehler, da er niemals im Handeln steht – auch ihr macht keine Fehler, wenn ihr immer in der reinen Absicht handelt. Die reine Absicht lässt euch für Gott handeln – ihr geht nicht mehr weg von Gott und eurem eigenen Inneren, sondern ihr dreht euch um zu Gott, um nach Hause zurückzukehren.

Das ist die wahre, gelebte Liebe, die der Planet Erde so sehr braucht. Das ist die wahre, gelebte Liebe, die den Planeten Erde heilt und ihn zum Aufstieg führt.

ICH BIN DIE LIEBE GOTTES IMMERDAR.
ICH BIN DIE LIEBE GOTTES IN MIR.
ICH BIN DIE LIEBE GOTTES.
ICH BIN GOTT IN MIR, UND DAS IST DIE LIEBE.

Ich Bin Meister St. Germain, und ich bringe euch
die Liebe mit der Ich Bin-Gegenwart,
die ihr anwenden könnt,
um zur Vollendung zu kommen.
So sei es.

Ich Bin Frieden und Freiheit.

Und ich grüße euch aus diesem Frieden und aus dieser Freiheit. Der Mensch sucht so sehr nach diesen beiden Dingen, und wenn er sie gefunden hat, hat er solche Mühe, sie anzunehmen und sie zu leben.

Was ist denn Frieden wirklich?

Es ist die vollkommene Einheit – in diesem Frieden gibt es keine Polarität und auch keine Dualität mehr. Es ist ein großartiger Seinszustand, der in uns ruht. Da existiert keine Angst, keine Wut, keine Trauer und auch keine Sehnsüchte mehr – es ist einfach nur Frieden. Könnt ihr ihn auch aushalten, wenn ihr ihn gefunden habt? Könnt ihr ihn wahrlich genießen?

Und was ist mit der Freiheit? Könnt ihr mit dieser Freiheit umgehen?

Ein völliges Losgelöstsein von allen Dingen, von allen Fesseln und auch von aller Materie. Das ist gar nicht so einfach, wie ihr euch das vorstellt. Plötzlich ist da nichts mehr, das euch hält, das euch Vorschriften macht. Da gibt es keine Gesetze, von Menschen gemacht – da gibt es nur noch die universellen Gesetze, die unumstößlich sind und die uns zeigen, wie zurechtgebogen die menschlichen Gesetze doch sind. Immer so gebogen, dass ihr nichts Neues lernen müsst. Immer so zurechtgebogen, damit es nicht weh tut. Das ist jedoch nicht das, was ihr euch ausgesucht habt.

Spürt in euch hinein und fragt euer Gottselbst, was ihr euch vorgenommen habt hier auf diesem wunderbaren Planeten. Da seid ihr dann erstaunt über die hochfliegenden

Pläne, die ihr für diesen Aufenthalt hier hattet. Was hindert euch daran, eure Pläne wahrzunehmen und auch auszuführen? Versucht einmal herauszufinden, was euch hindert, das zu tun, was ihr euch vorgenommen habt. Schaut unvoreingenommen in euch hinein und seid ganz ehrlich zu euch selbst.

Was hindert euch?

Ich Bin der Mut, der mich unterstützt
bei meinen Unternehmungen.
Ich Bin der Mut, der mich begleitet.
Ich Bin der Mut, der mir hilft, das zu tun,
was ich schon immer tun wollte.
Ich Bin mutig.
Ich Bin mutig.
Ich Bin mutig.

So könnt ihr herausfinden, was euch bis jetzt daran gehindert hat, eure Aufgaben wahrzunehmen.

Es braucht Mut, den Menschen etwas zu erzählen, was sie nicht hören wollen. Es braucht Mut, den Menschen zu sagen, dass sie sich irren. Es braucht Mut, einen Weg zu gehen, der gerade ins Licht führt, denn die Menschen um dich herum können es nicht verstehen. Es braucht Mut, jeden Tag aufzustehen und etwas zu tun, was sonst niemand tut. Es braucht Mut, mit der geistigen Welt zu kommunizieren, und es braucht auch Mut, ehrlich zu sein und transparent zu bleiben für sich selbst und für die anderen.

Ich Bin mutig.
Ich Bin der Weg, die Wahrheit und das Leben.

Zum Leben braucht es Mut.

Ich Bin mutig.
Ich lebe ein mutiges Leben.

Ich Bin Meister St. Germain
und liebe euch für euren Mut.

Schlaft gut!

Seid gegrüßt in dieser klaren Nacht und verzagt nicht – auch wenn euch der Mut einmal verlässt.

So ist das eben, wenn ihr mit der ICH BIN-Gegenwart arbeitet, ihr aktiviert eine gewisse Qualität für euer Leben und dann kommen zuerst die Teile hervor, die noch nicht durchdrungen sind von dieser Qualität.

ICH BIN MUTIG.

Und nun fühlt ihr euch ohne jeden Mut – das ist, damit ihr diese Mutlosigkeit transformieren könnt. Und denkt immer daran – ihr tut es nicht nur für euch selbst, ihr tut es auch für die Menschheit, denn alles, was ihr in euch auflöst, löst sich auch in den anderen auf. Und so sind wir wieder einmal beim morphogenetischen Feld, von dem ich schon oft gesprochen habe.

Es wirkt immer auch in anderen Menschen.

Auch wenn ihr Karma auflöst, geschieht mit den anderen auch etwas, und das ist gut, denn wir leben in einer Zeit, wo all diese Dinge und Altlasten aufgelöst werden dürfen, damit der Planet mit der Menschheit aufsteigen kann. Stellt euch einfach vor, wie schwer ein Lastwagen ist, der beladen ist. Wenn wir ihn aufsteigen lassen wollen wie einen Luftballon, müssen wir doch zuerst die Ladung löschen – einverstanden? Ja, und so geht es euch auch – ihr dürft eure Ladungen auch löschen, damit alles leichter geht.

ICH BIN LEICHT WIE EIN SCHMETTERLING.
ICH BIN DIE LEICHTIGKEIT.
ICH BIN SO LEICHT, DASS ICH SCHWEBEN KANN.

Ich Bin leicht in allen Dingen.
Ich Bin leicht wie ein Luftballon
und schwebe durch die Lüfte.
Ich Bin die Leichtigkeit.
Ich Bin leicht.

Passt auf – vielleicht fühlt ihr euch nach diesen Sätzen ziemlich schwer – doch seid euch immer bewusst, hinter dieser Schwere versteckt sich die Leichtigkeit.

So könnt ihr frei von Ballast über die Erde schweben und den anderen zuwinken, die ihre Lasten lieber behalten. Es ist ihre Entscheidung und ihr habt damit nichts zu tun. So seid ihr nun sehr leicht für die Träume, die euch begleiten in eurem Schlaf. Schwebt schön durch die Lüfte und freut euch darüber.

Ich Bin Meister St. Germain.
So sei es.

Ich grüße euch, und ich möchte euch etwas über die Beweglichkeit der Luft erzählen.

Die Luft ist unsichtbar – anders als die anderen Elemente, die ihr seht und anfassen könnt.

Die Luft ist nicht sichtbar und auch nicht spürbar – sie wird nur spürbar durch Bewegung. So könnte man natürlich auch sagen, dass die Luft durch diese Bewegung erst existent wird. So ist es eigentlich ganz natürlich, dass die Luft und die Bewegung zu einer Einheit werden.

Zu diesem Element könnt ihr den Atem nehmen, um Erfahrungen mit der Luft zu machen. Ihr atmet sie ein und aus, und durch diesen Vorgang macht ihr die Erfahrung, was die Luft alles vermag.

So könnt ihr die Luft auch als Brücke erkennen, die vom Sichtbaren ins Unsichtbare führt oder umgekehrt.

ICH BIN DIE LUFT, DIE ICH ATME.

Ja, was ist diese Luft – nicht ganz einfach zu erklären. Ihr braucht die Luft zum atmen, ihr braucht die Luft, um euch zu bewegen, um zu tanzen, um zu singen, um zu sprechen, um zu schreien und um zu fliegen – und doch könnt ihr sie nicht wirklich sehen.

Viele Menschen sagen, ich glaube nur, was ich sehe – wie können sie nicht an die Luft glauben, wo sie sie doch so sehr brauchen!

Auch Liebe könnt ihr nicht sehen, und doch braucht ihr sie in jedem Moment eures Lebens, denn ohne sie wäre das Leben ziemlich armselig.

ICH BIN DIE LUFT UND DIE LIEBE.

Es gibt auch Menschen, die sagen, ich lebe von Luft und Liebe, und dann sagen andere zu ihnen, dass das nicht möglich ist – doch ich sage euch, es ist tatsächlich möglich. Ihr könnt von Luft und Liebe leben, wenn ihr sie wirklich in euer Leben lasst, wenn ihr sie als euren Mittelpunkt annehmt, wenn ihr euer Leben nach diesen beiden unsichtbaren Dingen ausrichtet und in dieser Absicht euren Weg geht, dann werdet ihr niemals Mangel leiden. Ihr werdet immer von allem genug haben.

ICH BIN DIE FÜLLE GOTTES,
DIE IN DER LUFT UND IN DER LIEBE LIEGT.
ICH BIN DIE FÜLLE GOTTES,
DIE ICH IN MEINEM HERZEN TRAGE.
ICH BIN DIE FÜLLE GOTTES.

So wird euer Leben immer reich und erfüllt sein. Glaubt daran und lebt in dieser Gewissheit und ihr werdet die Armut und den Mangel aus eurem Leben verschwinden sehen.

Das wünsche ich euch von Herzen.

ICH BIN MEISTER ST. GERMAIN
UND ICH LIEBE EUCH WAHRLICH.

Ich begrüße euch zu unserer abendlichen Andacht mit Unterweisung.

ICH BIN DIE AUFERSTEHUNG UND DAS LEBEN.

So sagte Jesus Christus – könnt ihr erkennen, was er damit meinte, was er mit diesen Worten aussagen wollte?

Die ICH BIN-Gegenwart ist das Mittel, um euch in die Auferstehung und ins Leben zu führen. Ins wirkliche, wahre Leben will sie euch führen, wo ihr in der göttlichen Fülle leben könnt, wo ihr alles habt, was ihr braucht und wollt und wünscht. So stellt ihr euch wohl das Paradies vor – und diese göttliche Fülle ist tatsächlich der Inbegriff von einem Paradies. Mit der ICH BIN-Gegenwart könnt ihr jederzeit in diese Fülle treten und sie nutzen zu eurem Glück.

Ist das nicht ein einmaliges Angebot? Lohnt es da nicht, ein bisschen Disziplin aufzubringen?

Der Lohn wird alles übersteigen, was ihr euch vorstellen könnt. Euer Vorstellungsvermögen ist nicht fähig, diese Herrlichkeit zu sehen, zu spüren und zu erfahren. Doch in dem Moment, wo ihr in diese Erfahrung eintretet, werdet ihr es einfach wissen. Vielleicht habt ihr schon solche Momente erlebt und wart traurig, weil ihr nicht in diesem Zustand bleiben konntet – seid nicht traurig, denn ihr werdet immer wieder in diesen Zustand eintreten, und einmal wird der Moment da sein und ihr könnt bleiben für immer. Das ist das Großartigste, was euch geschehen kann, und ihr werdet es einfach wissen – beschreiben kann ich euch das nicht, denn es ist so unbeschreiblich, es gibt keine Worte dafür, um es auszudrücken.

Ich Bin die Herrlichkeit Gottes.
Ich Bin die Herrlichkeit,
die Gott mir verliehen hat.
Ich Bin Gott in aller Herrlichkeit.
Ich Bin Gott in mir.

Auch wenn ihr das nicht begreift – glaubt einfach daran, bis ihr an einem Punkt ankommt, wo ihr einfach wisst, dass es so ist.

In diesem Sinne wünsche ich euch eine erholsame Nachtruhe.

Ich Bin Meister St. Germain .

Seid gegrüßt am heutigen Abend.

ICH BIN DIE ERLEUCHTUNG.

Was bedeutet dieser Satz wirklich? Erleuchtung – Beleuchtung von etwas – Beleuchtung von etwas, was ihr bis jetzt noch nicht erkannt habt. Nach der Erkenntnis kommt die Erleuchtung. Erleuchtung ist eine besondere Klarsicht, wo ihr in einem Augenblick völlig klar wisst, dass es so ist, wie es ist.

Es ist ein Moment, wo ihr genau wisst, dass alles gut ist, wie es ist – es ist alles jederzeit vollkommen. Manchmal könnt ihr diese Vollkommenheit nicht erkennen, weil ihr jeder Sache einen Wertstempel verpasst, doch in Wirklichkeit ist es nicht so. So heißt es nicht:

Alles wird gut – sondern alles ist gut!

Alles ist gut, so wie es ist – das erscheint euch natürlich verkehrt, doch wenn ihr es tief in euch fallen lasst, wisst ihr, dass es so ist, denn es gibt weder gut noch böse – es ist einfach, wie es ist. Es ist!

ICH BIN DIE ERLEUCHTUNG CHRISTI.

Jesus Christus hat diesen Vorgang der Erleuchtung gekannt – er hat ihn gelebt – er hat ihn vorgelebt, und er hat immer wieder verkündigt:

Folgt mir!

Er wollte damit sagen – folgt mir in diesen Zustand der Erleuchtung, folgt mir auf diesem Weg, folgt mir nach; und er hat vorausgesagt:

DAS WERDET IHR TUN UND NOCH VIEL MEHR.

So hat er vorausgesagt, dass ihr noch viel mehr schaffen könnt, als er euch vorgelebt hat.

Da ihr ihn jedoch viel mehr verehrt, als dass ihr ihn liebt, glaubt ihr nicht, dass ihr die Fähigkeit besitzt, Gleiches zu tun, wie er es getan hat. So müsst ihr das Vertrauen finden in euch – Selbstvertrauen wird euch dahin führen, wo ihr genau wisst, dass ihr diese Dinge tun könnt – genau wie Jesus Christus sie vor langer Zeit getan hat.

Es ist Zeit, dass ihr aus seinem Schatten tretet – es ist Zeit, dass ihr aus seinen Fußspuren tretet. Es ist Zeit, dass ihr erkennt, dass auch euch Erleuchtung geschenkt wird, wenn ihr es wirklich wollt.

So lasst euch fröhlich erleuchten.

ICH BIN DIE ERLEUCHTUNG DES HERRN, UND
DIESE ERLEUCHTUNG IST FÜR ALLE MENSCHEN GEDACHT,
DIE AUF DIESEM PLANETEN LEBEN.
ICH BIN DER WEG, DIE WAHRHEIT UND DAS LEBEN.
ICH BIN DER GEIST JESU CHRISTI UND ICH BIN IN EUCH,
BEREIT, ZU WIRKEN UND ZU ERSCHAFFEN.
ICH BIN DAS ICH BIN.

Wenn ihr das begreift und zu leben beginnt, wird es in eurem Leben weder Armut noch Mangel geben – so lebt diese Erleuchtung – jetzt und hier!

Ich wünsche euch viel Erfolg dabei, seid glücklich und zufrieden in der Gewissheit, dass alles auf diesem Planeten vollkommen ist, wenn ihr wirklich hinseht.

Öffnet eure Augen für die Vollkommenheit und lasst euch nicht beirren von den Illusionsgebäuden, die scheinbare Wirklichkeit sind.

Seid wach, seid fröhlich und seid vollkommen.

ICH BIN MEISTER ST. GERMAIN, UND ICH KOMME WIEDER.

Seid gegrüßt, meine Lieben, da bin ich wieder.

Ich Bin mein vollkommener Körper.

So könnt ihr euren physischen Körper immer wieder aufbauen und stärken – so könnt ihr euch aus Schmerzen befreien. Schmerzen sind auch eine Illusion – das heißt nicht, dass ihr die Schmerzen der Menschen nicht ernstnehmen sollt, denn sie werden ja gespürt – doch für euch selbst möchte ich euch sagen, lasst euch niemals von Schmerzen beherrschen. Sie wollen euch nur verführen, zu zweifeln an euch selbst und an Gott.

Ich Bin Gott in mir und ich habe
einen vollkommenen Körper.

Das wird euch helfen, wenn die Schmerzen euch stören wollen, wenn sie euch abbringen wollen von eurem Weg.

Ihr seid an sich schon vollkommen – auch wenn ihr eure Vollkommenheit weder seht noch akzeptiert. Ihr seid vollkommen.

In dieser Vollkommenheit seht ihr Gott – in dieser Vollkommenheit begegnet ihr Gott in euch auf einer neuen Ebene – so werdet ihr in diese Herrlichkeit aufsteigen, ohne die Erde zu verlassen.

Ihr meint, dies sei ein einsamer Weg?

Vielleicht ist er das zeitweise – doch wenn ihr erfahrt, dass ihr nie allein seid, dass euch immer Wesen umgeben und begleiten, wenn ihr das akzeptiert, dann seid ihr nie mehr allein. Ihr werdet immer die Anwesenheit dieser Wesenheiten spüren, ihr werdet durchdrungen sein von dieser Anwesenheit, und ihr werdet in neuer Herrlichkeit erstrahlen.

ICH BIN DIE HERRLICHKEIT GOTTES.

Wehrt euch nicht dagegen – denn wenn ihr euch dagegen wehrt, landet ihr immer wieder auf der Leidensstraße – ihr nehmt das Leid der Menschheit auf und erstickt daran. Wenn ihr hingegen diese Herrlichkeit akzeptiert und annehmt, werdet ihr das Leid zwar noch sehen, doch ihr werdet es nicht mehr spüren müssen. Lasst euch durchdringen von dieser Herrlichkeit.

Schließt eure Augen und atmet ruhig ein und aus.

Und nun lasst ihr alles los, was euch noch mit dem Leid verbindet, wascht es aus euren Zellen.

Wiederholt das immer, wenn ihr spürt, dass euch dieses Leid packen will, und schickt es weg – weg aus eurem Körper, denn da gehört es nicht hin. Das Leid darf jeder einzelne Mensch für sich selbst erledigen. Die Zeit ist gekommen, dass das Leid von diesem Planeten verschwindet – ihr tut etwas dafür, wenn ihr euch weigert, für andere das Leid zu tragen, denn ihr habt diese Verantwortung nicht mehr. Das heißt nicht, dass ihr den Menschen nicht helfen dürft – das dürft ihr wohl, doch ihr sollt nicht das Leid der anderen tragen, denn das ist viel zu schwer für euch. Wenn jeder Mensch sei eigenes Leid trägt, hat jeder genau so viel zu tragen, wie er tragen kann und sich auch ausgesucht hat, dies zu tragen. Glaubt mir, es macht keinen Sinn, wenn ihr das zu tragen versucht – ihr habt genug zu tun mit euren Aufgaben, die ihr euch vorgenommen habt. Das reicht aus für dieses Leben.

Ich Bin frei.
Ich Bin frei von Leid.
Ich Bin frei von allem Leid der Menschheit.
Ich Bin frei.
Ich Bin frei.
Ich Bin frei dieser Sache für immer frei.
Ich Bin frei von Leid und Trauer.
Ich Bin das Ich Bin.

So wünsche ich euch eine leidfreie Nacht und leidfreie Tage, damit ihr spürt, was es heißt, frei von Leid zu leben und sein.

Ich Bin Meister St. Germain und ich liebe euch.

Seid gegrüßt am heutigen Abend in diesem lichtvollen Raum der Liebe und der Freude.

Ihr lebt in einer lichtvollen Zeit, und manchmal blendet dieses Licht ganz schön und vor lauter Helligkeit könnt ihr nichts mehr so klar erkennen – und doch ist alles klarer als je zuvor. Ihr sagt, das ist ein Widerspruch – ja, vielleicht – Widersprüche fordern euch heraus, genauer hinzuschauen und genaue Betrachtungen anzustellen. Sie fordern euch heraus, so genau hinzuschauen, dass ihr eure Zweifel loslassen und beseitigen könnt, denn es befreit euch von Illusionen.

Ich Bin das Licht, die Wahrheit und das Leben.
Ich Bin das Licht der Welt.
Ich Bin das Licht,
das euch die Augen schließen lässt.
Ich Bin das Licht, das euch ermächtigt,
nach innen zu schauen.
Ich Bin das Licht.
Ich Bin Licht.
Ich Bin.

So könnt ihr dem Licht immer freier begegnen, und ihr könnt das Licht in eurem Leben willkommen heißen. Ihr könnt immer besser verschiedene Formen von Licht erkennen, ihr erkennt das Licht in den Menschen, in allen Dingen, in allen Formen und in allen verschiedenen Konsistenzen.

Alles ist Licht!
Alles ist aus Licht entstanden und erschaffen.

So nehmt das Licht in die Hand und lasst entstehen, was immer ihr wollt.

So nehmt das Licht in die Hand und lasst eure Wünsche und Träume daraus entstehen – stellt euch vor, wie eure Wünsche und Träume Form annehmen und aus dem reinen Licht entstehen.

ICH BIN DAS LICHT IN JEDER MEINER KREATIONEN.
ICH BIN DAS LICHT, DAS FORM ANNIMMT.
ICH BIN DAS LICHT, DEM ICH DIE FORM GEBE,
DIE ICH MÖCHTE.
ICH BIN DAS LICHT, DAS ALLES ENTSTEHEN LÄSST,
WAS ICH MÖCHTE.

So seid ihr der Meister eures Lebens und keine äußere Tätigkeit kann dies verhindern.

In diesem Sinne wünsche ich euch eine erholsame Nacht.

ICH BIN MEISTER ST. GERMAIN. ICH BIN DAS ICH BIN.

ICH BIN DIE LIEBE UND DAS LEBEN,
UND HÄTTEN WIR DER LIEBE NICHT,
WÄRE UNSER LEBEN LEER UND ÖD.

Ja, so seid gegrüßt mit diesen Worten.

Die Liebe, die ihr seid, und doch wehrt ihr euch dagegen.

Öffnet die Tore für diese Herrlichkeit, für dieses herrliche Gefühl des Angenommenseins, für dieses herrliche Gefühl der Weite und der Fülle. Denn diese Liebe ist die Fülle Gottes, die ihr immer wieder anruft, die ihr immer wieder in euer Leben ruft. Und sie ist da – immer zu eurer Verfügung, ihr braucht sie nur zu pflücken wie einen reifen Apfel.

Öffnet euer Herz und schon seid ihr erfüllt von dieser Liebe, die ihr euch so sehr erwünscht.

ICH BIN MEISTER ST. GERMAIN UND ICH SCHENKE EUCH
DIESE LIEBE JEDEN TAG UND JEDE STUNDE.

ICH BIN DIE LIEBE UND DAS LEBEN.

Und so grüße ich euch und versichere euch, dass jedes Mal, wenn ihr einen ICH BIN-Satz sagt, sich in euch etwas verändert. Und das geschieht, ob ihr es wahrnehmt oder nicht. Es ist schwierig für euch, das zu glauben, wenn ihr davon nichts spürt, wenn ihr davon nichts wahrnehmen könnt, und doch geschieht es in euren Zellen. So könnt ihr sehen, wenn ihr nur noch in ICH BIN-Sätzen sprecht und in dieser reinen Absicht, dass ihr keine Dinge mehr kreieren werdet, die ihr nicht haben wollt in eurem Leben.

So wird alles vollkommen sein, so erntet ihr nur Vollkommenheit, erschaffen für euer Leben.

Ich Bin die Liebe und das Leben.

Ihr seid immer durchdrungen von Leben und Liebe – auch wenn ihr meint, dass ihr weit davon entfernt seid. Euer Geist kann eurem physischen Körper diese Nachrichten übermitteln.

Ich Bin der vollkommene Körper.
Ich Bin die vollkommene Funktion meines Körpers.
Ich Bin mein Atem, der mich durchdringt
und alle Verspannungen löst.

Der Atem kann zu jeder Zeit helfen, Verspannungen aufzulösen – der Atem kann helfen, innere Stresszustände aufzulösen, damit endlich Platz ist für diese Vollkommenheit.

Verspannungen sind immer Festhaltungen – ihr haltet an so vielem fest und seid euch dessen nicht einmal bewusst. Ihr schreit nach Veränderung und haltet doch an den alten Situationen fest. Wie können dann die Veränderungen Platz finden, wenn ihr alles in euch verkrampft?

Genau – gar nicht!

Darum machen wir nun wieder einmal eine kleine Meditation:

Schließt die Augen und atmet ruhig ein und aus.

Weitet eure Zellen aus, macht die Zellmembran ganz weich und durchlässig. Wenn ihr spürt, wie etwas festhält, lasst Weichheit hineinfließen und spürt, wie alles in euch immer weicher und weicher wird. Vielleicht fühlt ihr euch jetzt wie ein Pudding – das ist gut, denn das macht durchlässig für das Gold, das ihr jetzt in alle Zellen fließen lasst.

Gold ist weich und warm – es macht richtig wohlig, es ist wohltuend und sehr, sehr heilsam.

Und nun lasst ihr dieses Gold in euer Hirn fließen – fühlt, wie wohltuend das ist, wie sich die Gedankenwelt beruhigen kann. Lasst die Gedanken ins Licht fliegen und füllt euer Hirn mit Gold, so lange es eben nötig ist, um all die Hirnkrämpfe zu lösen.

Dann lasst ihr das Gold durch eure Drüsen fließen – von oben nach unten – die oberste ist die Zirbeldrüse, dann kommt der Hypothalamus, die Hypophyse, die Schilddrüse, die Thymusdrüse, der Pankreas, die Nebennierendrüsen und die Eierstöcke (bei den Frauen) und die Samenanlagen (bei den Männern) – alle Drüsen werden durchspült und gefüllt mit Gold.

So wird das Drüsengewebe ebenfalls weich und durchlässig.

Wenn ihr damit fertig seid, lasst ihr das Gold durch den ganzen Körper pulsieren – durch jede einzelne Zelle, die es in eurem Körper gibt.

Und mit diesem goldigen Körper geht ihr nun schlafen – lullt euch ein in dieses Gold und lasst los. Lasst alles los – lasst jede Verkrampfung einfach los.

Ich wünsche euch eine gute Nacht.

Ich Bin Meister St. Germain und ich lade euch ein in die Goldenen Tempel.

Seid gegrüßt in der heutigen Nacht, wo das Leid Christi zelebriert wird, obwohl es kein wirkliches Leid gibt. Leid ist etwas, was nur Menschen empfinden können, und darum existiert wirkliches Leiden, wie ihr es kennt, nur hier auf dem blauen Planeten Erde.

ICH BIN DIE AUFERSTEHUNG UND DAS LEBEN.

Ich erhebe mich über das Leid und auferstehe ins wahre Leben, das ewig ist.

Das Leid ist, wie ihr unschwer erkennen könnt, Ego-gebunden – es findet im physischen, im emotionalen und im mentalen Körper statt. Im geistig-spirituellen Körper könnt ihr Leid zwar noch erkennen, doch ihr könnt es nicht mehr fühlen. So endet das Leid, sobald ihr euch über das Irdisch-Menschliche erhebt. Das heißt jedoch nicht, dass ihr sterben müsst – ihr könnt in diesem Zustand der Erleuchtung auch noch auf dem Planeten Erde leben. Das erscheint euch wahrscheinlich komisch – doch es ist möglich und in der heutigen Zeit sogar erwünscht, denn es hilft der Mutter Erde aufzusteigen in eine höhere Dimension.

ICH BIN DIE AUFERSTEHUNG UND DAS LEBEN.

Mit diesen Worten schält ihr euch aus allem Menschlichen – es fällt wie Schuppen von euch ab, und ihr steigt auf in die Herrlichkeit Gottes.

Wenn ihr euch in dieser Schönheit nur sehen könntet, das würde euren Glauben und dann auch euer Wissen stärken, und ihr würdet nicht mehr so oft stolpern und auf die Nase fallen!

Ich Bin die Auferstehung und das Leben.

Ihr seid die ersten, die das erleben können, ohne zuerst sterben zu müssen – es ist vorbei mit dem ewigen Rad von Geburt und Tod. Erkennt dies an und euch ist in diesem Körper ewiges Leben gegeben.

Wenn ihr diesen Weg geht, werden alle Verträge gelöscht, das Karma ist aufgelöst und hat keine Kraft mehr über euch – ihr seid endlich frei. Nach so vielen Jahrtausenden könnt ihr endlich frei sein.

Für den Menschen ist diese Freiheit wohl eher bedrohlich, weil er sich diese Freiheit gar nicht vorstellen kann – er hat sie zwar in sich, doch er konnte sie noch nie auf der irdischen Ebene leben. Nun ist die Zeit gekommen, wo es möglich ist, diese Freiheit schon in der irdischen Dichte zu erleben – ist das nicht eine Reise wert?

Darum wollen so viele Seelen auf die Erde kommen, um dieses Abenteuer zu erleben – das wird ein Fest, wie es noch nie gesehen wurde – es ist so hell – auch in der Nacht –, und es schimmert und schillert von tausend und abertausend Lichtwesen, die auf der Erde ihr Licht versprühen. Es ist viel schöner als das schönste Feuerwerk, es ist viel schöner als alles, was ihr kennt.

So macht euch auf und taucht ein in dieses helle Licht.

Ich Bin die Auferstehung und das Leben.
Ich Bin das Licht, das mich leitet und begleitet.
Ich Bin das Ich Bin.
Ich Bin Meister St. Germain so ist es.

Seid gegrüßt zu der Zeit, wo ein Teil der Menschheit die Auferstehung Christi feiert.

Ich möchte, dass ihr diese Auferstehung in euch feiert, in euch spürt und dann feiert. Feiert dieses erhabene Gefühl der Auferstehung, feiert die Freude über die Überwindung des Todes.

ICH BIN DIE AUFERSTEHUNG UND DAS LEBEN.

So wird der Tod seinen Stachel verlieren, und ihr werdet erkennen, dass die Auferstehung das wahre Leben verkündet.

Das gibt ein großes, wunderbares Lichtfest rund um die Welt – es sind nicht nur die Christen davon betroffen und eingeladen, sondern die ganze Menschheit. Wenn ihr jetzt über die Erdkugel fliegt, könnt ihr die vielen Lichter sehen, die aus allen Herzen strahlen. Das Licht breitet sich über den ganzen Planeten aus und erreicht jede dunkle Stelle, jeden dunklen Fleck – nichts kann sich mehr verstecken, nichts kann mehr geheimgehalten werden.

So feiern wir gemeinsam in allen ätherischen Tempeln zusammen mit euch Menschen die Auferstehung des Lichtes und des Lebens.

ICH BIN DIE AUFERSTEHUNG, DAS LICHT UND DAS LEBEN.
SO SEI ES.
ICH BIN MEISTER ST. GERMAIN,
UND ICH BIN AUFERSTANDEN.

Seid gegrüßt aus der ICH BIN-Gegenwart und deren Segen.

Und es ist wirklich der pure Segen, der aus dieser Gegenwart kommt. Wenn ihr das erkennt und spürt, werdet ihr auch beginnen, die Liebe zu erkennen, die hinter jeder Tat und jeder Situation verborgen ist.

Ihr könnt natürlich sagen: Wo ist die Liebe, wenn Menschen sterben, wo ist die Liebe, wenn Menschen hungern, keine Arbeit haben, krank sind und so weiter. Sie ist da – ihr könnt sie nur nicht erkennen.

Alles geschieht aus dieser Liebe, die alles ist. Alles, was ist, ist Liebe, und darum ist in allem die Vollkommenheit enthalten.

Ach, würdet ihr doch immer die Aufmerksamkeit auf diese Liebe richten – die Welt hätte ein völlig anderes Gesicht! Gelassenheit, Vertrauen und Selbstvertrauen würde sich über den Planeten ausbreiten und den Menschen Wohlgefallen bringen.

Ja, Gott wünscht den Menschen Wohlgefallen und Liebe.

Er sehnt sich so sehr danach, dass der Mensch das erkennen möge – und dass der Mensch die Göttlichkeit ausdrücken möge! Dafür seid ihr da auf dem Planeten – um die Göttlichkeit auszudrücken, um die Göttlichkeit sichtbar zu machen und um diese Göttlichkeit zu leben.

ICH BIN GOTT IN MIR.
ICH BIN GOTT IN MIR, UND DADURCH
WIRD GOTT SICHTBAR DURCH MICH.

Das verstehen viele Menschen nicht, denn sie wollen sich nur als Menschen sehen. Sie begreifen nicht, dass sie göttliche Wesen auf einem menschlichen Pfad sind – sie meinen, sie seien Menschen auf einem spirituellen Weg, darum erlauben sie sich immer wieder, die Göttlichkeit, die sie sind, zu verlassen, denn nur als Menschen können sie Dinge tun, die sie als nicht göttlich erachten.

Es ist ein hoher Anspruch, in allem die Göttlichkeit zum Ausdruck zu bringen und nicht davon abzuweichen.

ICH BRINGE DURCH MEINE GÖTTLICHKEIT
GOTT IN DIE SICHTBARKEIT.

Und genau in dem steckt so viel Verantwortung, dass sich der Mensch überfordert fühlt und meint, dass er das nicht schaffen kann. Doch er hat alle Fähigkeiten, er hat das Potenzial, genau dies zu tun, und er hat keine Ausreden, wenn er sich entscheidet, es nicht zu tun. Letztendlich hat er die Verantwortung für alles, was er tut oder eben nicht tut. Die Verantwortung ist immer da – sie verschwindet nicht, wenn der Mensch seine Aufgabe nicht wahrnimmt.

Also seid euch immer bewusst – es gibt nichts, was ihr nicht schaffen könnt – ihr habt die Kraft, die Macht und die Souveränität, alles zu tun, was ihr euch vorgenommen habt, was ihr euch als Aufgabe gestellt habt, bevor ihr geboren wurdet.

Also packt euer Leben an – tut, was zu tun ist, in reiner Absicht, klarer Motivation und mit all eurer Liebe, die ihr seid.

ICH BIN MEISTER ST. GERMAIN UND ICH SEGNE EUCH.

Ich Bin das reine Hören.
Ich Bin das reine Sehen.

Stellt euch vor, dass ihr nur noch eure innere Stimme wahrnehmen könnt – stellt euch vor, dass ihr nur noch mit euren inneren Augen sehen könnt.

Wenn ihr euch das vorstellen könnt, lernt ihr zu verstehen, dass ihr mit den Menschen auf einer neuen Ebene kommuniziert.

Ihr sprecht mit eurer inneren Stimme und erreicht bei den Menschen die gleiche Ebene.

Ihr seht nicht mehr die äußere Form, sondern das innere Wesen der Menschen.

Auf dieser Wahrnehmungsebene verändert sich die Welt – eine bösartige, gefährliche Welt wandelt sich plötzlich in eine glückliche, sichere Welt.

Ist es nicht das, was ihr für eure Kinder wünscht?

Eine sichere Welt, wo sich jeder Mensch entwickeln kann, wo jeder Mensch sein Potenzial erreichen kann, um es wiederum dem Planeten und der Menschheit zur Verfügung zu stellen.

Wenn jeder sein Potenzial zur Verfügung hat, dann greifen die Talente wie Zahnräder ineinander, und das hat zur Folge, dass jeder tun kann, was er in Vollendung beherrscht, und das ist wohl das höchste aller Ziele auf dieser irdischen Ebene.

Da werden Konkurrenzkämpfe verschwinden, und die Menschen helfen einander, statt sich zu bekriegen.

Frieden breitet sich aus.

Ich Bin Frieden.

So sei es, und so ist es.

Ich Bin Meister St. Germain, Ich Bin Frieden
und ich bringe Frieden für alle.

Und diese Liebe zeigt sich, wie ich schon einmal erklärt habe, in allem, was geschieht. Das ist sicher immer wieder schwer zu verstehen, doch wenn ihr sie in allem Geschehen erkennt, ändert sich euer Leben in einem Maße, wie ihr es euch nicht vorstellen könnt.

Die emotionale Beteiligung an all diesem Geschehen fällt einfach dahin, und ihr könnt frei entscheiden, wohin ihr gehen wollt.

Dazu kommt, dass die Ängste verschwinden, denn wie ihr ja wisst, wo Liebe ist, gibt es keine Angst, denn die Liebe schließt die Angst aus.

Und die Liebe, von der ich hier spreche, ist die wahre, bedingungslose Liebe und hat nichts zu tun mit der Liebe, wie ihr Menschen sie kennt oder wie ihr meint, dass die Liebe funktioniert.

Anziehungskraft zwischen Menschen hat nichts mit Liebe zu tun, denn diese Kraft kommt aus den karmischen Verträgen, die immer noch wirksam sind. Darum gibt es auch immer mehr Scheidungen, denn wenn die Verträge auslaufen oder abgearbeitet sind, kann der Mensch sich wieder trennen und andere Verträge abarbeiten. So löst sich mit der Zeit alles einfach auf, und die Anziehungskraft kann durch die wahre Liebe ersetzt werden.

Es gibt natürlich eine Menge Variationen der Geschichte – ihr könnt euch vorstellen wie viele, wenn jeder Mensch seine eigene Geschichte und seine eigene Wirklichkeit hat, die aus seiner Hintergrundgeschichte entstanden ist.

Ich Bin die Liebe, die alles versteht.
Ich Bin die Liebe, die keine Fragen stellt.
Ich Bin die Liebe, die mich trägt.
Ich Bin die Liebe, die mich alles ertragen lässt.
Ich Bin die Liebe, die mich erfüllt
und mir Freude bringt.
Ich Bin liebe.

Lasst diese Liebe durch euch fließen und füllt eure Zellen damit auf, bis sie überfließen – so wie ein Brunnen, der überläuft.

Ich Bin Meister St. Germain, Ich Bin Liebe

Ich Bin die Auferstehung und das Leben.

Schon vor 2000 Jahren hat Jesus Christus diese Worte gesprochen und sie werden in dieser Zeit noch viel bedeutender, da sie euch bei der Vorbereitung zu einem wichtigen Übergang helfen.

Ich Bin die Auferstehung und das Leben.

Diese Worte helfen euch beim Loslassen und Erkennen innerer Konditionierungen, die euch einschränken. Sie helfen euch auf dem Weg zu eurer inneren Quelle, die ein großes Potenzial darstellt.

Ich Bin die Auferstehung und das Leben.

Die Auferstehung bedeutet, dass sich die Verbindungen zur Egostruktur auflösen und der Mensch zu seinem wahren Wesen findet. Der Geist kann sich so voll entfalten, die innere Quelle übernimmt die Führung und ihr könnt immer besser erkennen, was wahrhaftig ist.

Ich Bin die Auferstehung und das Leben.

Spürt in diese Worte hinein und findet ihre Bedeutung.

Jeder Mensch hat die Quelle in sich, sie befindet sich in jedem Zellkern eures Körpers und kann aktiviert werden durch Meditation und Rituale. Kreiert eure eigenen, neuen Rituale, die euch in die Tiefe bringen. Dort werdet ihr die Quelle finden.

Ich Bin die Quelle, die mich ernährt, die mich warm hält, die mir Geborgenheit schenkt und die mich in den Reichtum und die Herrlichkeit Gottes führt.

Ich Bin die Auferstehung, die mir die Quelle zeigt
und mich erfahren lässt.
Ich Bin die Auferstehung und das Leben.
Ich Bin die Auferstehung,
die mich ins wahre Leben führt.
Ich Bin die Auferstehung,
die mir das wahre Leben zeigt.
Ich Bin die Auferstehung, die den Kindern
der Welt das wahre Leben nahebringt.
Ich Bin die Auferstehung und das Leben.
Ich Bin die Quelle aller Dinge.

Nehmt euch das zu Herzen – lasst eure Kinder daran teilhaben, damit sie sich nicht verirren - führt sie mit Liebe und Weisheit, damit sie ihre natürliche Verbundenheit mit der Quelle nicht verlieren.

Lasst euch von eurer inneren Quelle führen und nicht von den vielen Verführungen der äußeren Welt. Richtet euch immer nach der Quelle aus – sie wird euch nie im Stich lassen, sie ist immer da – ihr braucht sie bloß zu entdecken – ihr braucht sie bloß zu spüren – ihr braucht sie bloß zu akzeptieren und schon arbeitet sie für euch und bringt euch in die Herrlichkeit Gottes.

Löst euch von falschen Vorstellungen und bringt die Liebe Gottes in diese Welt, indem ihr zurückkehrt zu Gott in euch.

Dieser wichtige Schritt wird euch nach Hause bringen, wo ihr schon erwartet werdet.

Ich Bin die Quelle und erwarte euch alle zu Hause.
Ich Bin Meister St. Germain, und auch ich erwarte
euch zu Hause.

Seid gegrüßt an diesem Abend der Veränderung. Ich bringe euch Grüße aus den goldenen Städten, die weit über euch und unter euch liegen und die von goldenen Zeitaltern berichten.

Ihr seid auf dem Weg in ein neues goldenes Zeitalter, und ihr könnt selbst bestimmen, was ihr dort haben möchtet, wie ihr dort leben möchtet.

ICH BIN DAS GOLD IN MEINEN ZELLEN.
ICH BIN DIE GOLDENE ACHT IN MEINEN ZELLEN.
ICH BIN DAS GOLD DIESER WELT.

So könnt ihr die Vision von einem goldenen Zeitalter nähren, damit es geschehen kann.

Lasst eure Vorstellungen von dieser Welt los, erkennt die Illusion, in der ihr lebt, erkennt das Luftschloss, das ihr euch jeden Tag von neuem errichtet, um eine Struktur zu haben, an der ihr euch festhalten könnt. Es sind nicht sehr sichere Halterungen, auf die ihr vertraut – im Gegenteil, sie beginnen immer mehr zu schwanken, und sie werden schon bald einstürzen.

Das Einzige, worauf ihr euch nun noch verlassen könnt, ist euer Gottselbst – die ICH BIN-Gegenwart in eurem Inneren. Das braucht großes Vertrauen, denn ihr seid es nicht gewohnt, euch an etwas festzuhalten, das ihr nicht sehen könnt. Die meisten können es auch nicht spüren – sie können nur daran glauben und diesem Glauben vertrauen.

ICH BIN DAS VERTRAUEN,
DAS ICH IN DEN GROßEN PLAN HABE.

Ich Bin das Vertrauen, das mich trägt.
Ich Bin das Vertrauen.
Ich Bin Vertrauen.

So könnt ihr immer mehr in dieses Vertrauen hineinwachsen und erfahren, dass es euch nicht im Stich lässt.

So könnt ihr dieses Vertrauen mit jedem Tag wachsen sehen und spüren, dass es immer mehr von euch Besitz ergreift.

Dieses Vertrauen wächst und wird immer mehr zu Selbstvertrauen – Selbstvertrauen, das zeigt, dass ihr eure Intuition leben könnt, dass ihr eurer Intuition mehr vertrauen könnt als den Menschen, die in ihrer Realität gefangen bleiben.

Verwandelt eure Ängste in Selbstvertrauen und Liebe und ihr werdet vertrauensvoll durchs Leben gehen.

Ich Bin Vertrauen.
Ich Bin Meister St. Germain und ich vertraue euch.

Seid gegrüßt heute abend an diesem Ort der Liebe und des großen Lichtes. Ich möchte euch heute eine kleine Geschichte erzählen.

Es war einmal ein kleiner Engel, der stieg auf die Erde hinunter, er leuchtete so schön, dass die Menschen um ihn herum wegschauen mussten, denn sie waren geblendet von seiner Schönheit.

Der kleine Engel war darüber so traurig, dass sein kleines Herz zerbrach und nicht mehr richtig heilen wollte – seine Helfer von der anderen Seite bemühten sich, ihm zu helfen, doch oft war der Kontakt nicht mehr herzustellen und der kleine Engel marschierte tapfer weiter, auch wenn ihn alles traurig machte.

So wuchs der kleine Engel und wurde zu einer jungen Frau, die sich hart durchs Leben kämpfen musste. Sie versuchte immer ihr Bestes – doch oft funktionierte das scheinbar nicht. Doch sie war immer ein großes Licht für den Planeten – auch wenn sie ihr eigenes Licht nicht wahrnehmen konnte; und sie war vielen Menschen eine große Hilfe.

Sie meisterte ihr Leben und wurde zur großen Meisterin des Lichtes, und sie wurde wieder zu dem Engel, der sie einmal war.

Dieser Engel ist heller und schöner als alles, was ihr euch vorstellen könnt, und er lebt ziemlich einsam und allein, denn immer noch sehen ihn die Menschen nicht, und die, die ihn sehen, die fürchten sich vor ihm.

Er steht da, er strahlt die Liebe aus, die er ist, und kehrt immer mehr ins Nichts zurück – er geht einen Weg, den noch niemand gegangen ist, und darum ist es oft sehr schwer für ihn. Doch im Nichts findet er Trost und Geborgenheit, Entspannung und die Liebe, die er für sich braucht, um alles auszuhalten, was ihm begegnet und was er erkennt.

Er wünscht sich sehr, dass er erkannt und akzeptiert wird, und ich wünsche ihm das auch – ich wünsche ihm ein glückliches, erfülltes Dasein für den Rest seines Erdenlebens, denn er wird nicht wiederkehren in dieser Gestalt. Es ist seine letzte Reise, er ist müde von den vielen Reisen von Inkarnation zu Inkarnation und er hat seinen Frieden verdient.

Viele werden weinen, wenn er einmal nicht mehr da sein wird, denn sie werden zu spät erkennen, was sie verpasst haben.

Er wird mit jedem Tag schöner und heller, und er wird schon bald nicht mehr zu übersehen sein.

ICH BIN DER LICHTENGEL FÜR DEN PLANETEN.
ICH BIN DER LICHTENGEL.
ICH BIN CALON SOREI.

Dieser Engel hat damals schon Jesus begleitet als unsichtbare Helferin, und sie ist auch jetzt sehr verbunden mit dem großen Meister Sananda, der nun in der Lichtwelt auf sie wartet.

Das ist meine Geschichte zum heutigen Tag.

ICH BIN MEISTER ST. GERMAIN,
UND ICH BEGLEITE DIESEN ENGEL AUF SEINER REISE
AUF DEM BLAUEN PLANETEN.

Guten Morgen an diesem schönen Tag des Friedens und der Liebe und des Lichts.

ICH BIN FRIEDEN, ICH BIN LIEBE, ICH BIN LICHT.

So sei es.

Alles ist genau in diesem Moment, und alles entsteht genau in diesem Moment. Alles, was ich genau in diesem Moment denke – wird – die Zukunft. Alles, was ich über andere denke, wird in ihr Leben fließen, wenn sie es nicht ablehnen oder so kanalisieren, dass nur das Unterstützende in ihr Leben fließt.

Wenn ihr also in Frieden, Liebe und Licht an die anderen denkt – werden sie Frieden, Liebe und Licht in ihrem Leben haben.

Wenn ihr hingegen ängstlich seid und immer das Schlimmste annehmt, wird es wohl auch geschehen – außer der Betroffene kann sich davor schützen. Mit unseren Sorgen, Ängsten und Bedenken bauen wir ein Haus für uns und die anderen, das niemand will, denn es schadet allen, die damit zu tun haben.

Wenn ihr euch um eure Kinder Sorgen macht – macht ihr das Leben für eure Kinder schwer. Wenn ihr vertrauensvoll durchs Leben geht, in dem Bewusstsein, dass alles, was euren Kindern geschieht, aus einem großen und vollkommenen Plan heraus geschieht, helft ihr euren Kindern, das Leben zu leben, das sie sich ausgesucht haben. Sie leben die Lektionen, die sie brauchen, um zu wachsen und zu reifen. Ihr könnt sie nicht davor bewahren, doch ihr könnt es schlimmer machen durch eure Besorgtheit, oder ihr könnt sie unterstützen, indem ihr sie ganz einfach liebt. Sorgen und Ängste sind nicht Liebe – Liebe ist einfach da, hört sich die Sorgen der Kinder an, weist ihnen einen Weg, gibt ihnen Möglichkeiten zu entscheiden – doch sie greift niemals ein.

ICH BIN DIE LLIEBE, DIE EUCH BEGLEITET.
ICH BIN DIE LIEBE, DIE EUCH UNTERSTÜTZT
AUF EUREM WEG.
ICH BIN LIEBE.
ICH BIN.

Ihr könnt auch Gott einsetzen und walten lassen, indem ihr ihn einfach in Bewegung setzt mit den Worten:

NUR GOTT HANDELT DORT.
NUR DIE ICH BIN-GEGENWART HANDELT AN DIESEM ORT.

So gebt ihr den größtmöglichen Schutz weiter, und nichts wird geschehen, was nicht geplant ist, nichts wird geschehen, was nicht vorgesehen ist.

Das Akzeptieren mag manchmal schwierig sein – doch wenn ihr es immer wieder übt mit der Gewissheit, dass es einfach das ist, was geschehen muss, dann werdet ihr die Akzeptanz finden, die dann auch die Veränderungen bringt.

Mit einem hohen, offenen Bewusstsein könnt ihr alles ändern, könnt ihr auch Dinge verhindern, denn alles bewegt sich, alles ist veränderbar.

Ich danke euch, dass ihr mir zugehört habt, und wünsche euch einen friedvollen Tag.

ICH BIN MEISTER ST. GERMAIN.

Seid gegrüßt an diesem Abend der Stille.

Die Stille ruft euch nach Hause – sie ist überall, sie ist schon in jedem Geräusch enthalten. Wenn ihr euch nach dieser Stille ausrichtet, werdet ihr ruhig bleiben – auch im größten Lärm.

ICH BIN DIE STILLE IN ALLEN DINGEN.
ICH BIN DIE STILLE ÜBERALL.

Ihr findet die Stille in euch selbst, und diese Stille ist angefüllt mit Ruhe und Zufriedenheit. Wenn ihr in der Stille sitzt und sie sich immer mehr ausbreitet, kann euch nichts wirklich berühren. Ihr werdet zu dieser allumfassenden Stille, die da ist. Und ihr tragt diese Stille hinaus, überallhin, wo ihr euch aufhaltet, wo ihr hingeht. Ihr übergebt diese tiefe Stille euren Mitmenschen, denen ihr begegnet, und ihr verteilt sie auch an die Kinder, die diese Stille so nötig brauchen.

Eltern sind manchmal echte Animatoren, die ihre Kinder von einer Ecke in die andere treiben – oft treiben sie ihre Kinder in Aktivitäten, die sie früher gerne gemacht hätten, jedoch nie die Gelegenheit hatten dazu. Also füllen die Kinder diese Lücken, statt dass sie tun, wofür sie auf diesen Planeten gekommen sind.

ICH BIN STILLE.
ICH BIN IN DER STILLE.
ICH BIN DIE STILLE.

Und schon ist sie da – greifbar – spürbar. Die wahren Dinge findet ihr nur in dieser Stille – die innere Stimme ist so leise, dass ihr sie nur in der Stille wirklich hören könnt.

So wünsche ich euch nun eine stille Nacht mit stillen Träumen. Ich danke euch, dass ihr mir ein weiteres Mal zugehört habt.

ICH BIN MEISTER ST. GERMAIN
UND ICH FÜHRE EUCH IN DIE STILLE.

Seid gegrüßt an diesem Abend, wo sich alles wieder anders anfühlt – einfach, weil ein anderer Moment angebrochen ist.

Der Geist ist immer in Bewegung – der Geist ist immer Herr über die Materie. So hat auch euer physischer Körper dem Geist zu gehorchen.

ICH BIN DIE VOLLKOMMENE
FUNKTIONSTÜCHTIGKEIT MEINES KÖRPERS.
ICH BIN DAS VOLLKOMMENE
ZUSAMMENSPIEL MEINER KÖRPER.

Und schon geschieht genau das, was ihr vom Körper verlangt.

Wenn es nicht sofort geschieht, ist der kleine Verstand, der das nicht glauben kann, manchmal der Verhinderer, oder es kann noch nicht geschehen, weil die Lektion, die damit zusammenhängt, noch nicht gelernt ist.

Wenn das der Grund ist, ist die Kreation jedoch schon bereit im Unsichtbaren, und sobald die Lektion gelernt ist – schwups –, schon ist es da.

ICH BIN DIE WÄRME MEINES KÖRPERS.

Und schon ist es nicht mehr nötig, dass ihr frieren müsst. Und auch das Gegenteil ist natürlich genauso möglich.

ICH BIN DIE KÜHLENDE FRISCHE MEINES KÖRPERS.

Und schon braucht ihr nicht mehr zu schwitzen.

So könnt ihr in jeder Situation euren Körper beherrschen, und so könnt ihr auch mit dem Schmerz umgehen – die Ursache von Schmerz ist immer *festhalten*. Wenn ihr *loslassen* könnt, werdet ihr keine Schmerzen mehr verspüren.

Manchmal müsst ihr vielleicht die Ursache der Schmerzen verstehen, um dann loslassen zu können, manchmal reicht es, wenn ihr erkennt, dass auch der Schmerz nur eine Illusion ist. Wie kann denn eine Illusion schmerzen? Eine berechtigte Frage – die jedoch sehr einfach zu beantworten ist. Auf der einen Seite sind es unsere Vorstellungen, die das ermöglichen – auf der anderen Seite die Annahme, dass der Mensch meint, er sei dieser Körper. Dann hilft vielleicht die Erkenntnis, dass ihr einen Körper *habt* – dass ihr jedoch niemals dieser Körper *seid.* Es ist also eine Frage der Identifikation.

ICH BIN DIE SCHMERZFREIHEIT ZU JEDER ZEIT.

Übt das häufig – ihr werdet schnell realisieren, dass es so ist, wie ich es euch sage. Die Einzigen, die an diesen Darlegungen keine Freude haben werden, sind die Pharmaproduzenten, und die werden natürlich auch nie das Interesse haben, das zuzugeben. Doch auf das müsst ihr keine Rücksicht nehmen – es ist so, und die Menschen werden das immer mehr verstehen lernen und so wird es immer mehr gesunde, glückliche Menschen geben auf diesem Planeten.

ICH BIN GESUND UND GLÜCKLICH.
ICH BIN DAS ICH BIN.
ICH BIN MEISTER ST. GERMAIN,
UND ICH WÜNSCHE EUCH EINE GUTE NACHT.

Ich grüße euch an diesem Abend der Fülle, die euch zu jeder Zeit zu Füßen liegt.

Heute möchte ich euch zuerst einmal herzlich danken, dass ihr meinen Lehren so aufmerksam zuhört – es macht wirklich Freude, mit euch zusammenzusein und euch zu lehren und mit euch zu lernen.

Ich kann euch meine Lehren vermitteln – doch ich kann euch die Erfahrungen, die ihr damit macht, nicht bieten, denn ihr könnt sie nur selber spüren.

So setzen wir uns heute wieder einmal zusammen und meditieren.

Setzt euch bequem hin und schließt die Augen:

Lasst zuerst Gold durch euren Körper fließen – vom Scheitelchakra lasst ihr das Gold in den Körper fließen und füllt den Körper mit diesem Gold auf, bis jede Zelle damit gefüllt ist.

Und nun spürt, was für eine Qualität dieses Gold hat, spürt die Weichheit, die Wärme und die flüssige Form, die euren Körper nachgiebig und gleichzeitig auch stark macht. Ruhe breitet sich aus, der Organismus beruhigt sich, die Nerven legen sich nieder, der ganze Körper entspannt sich bis ins tiefste Innere.

Jetzt nehmt ihr noch das weiße Gold dazu, das aus Silber und Gold gemischt ist. Mit diesem weißen Gold spült ihr euer Gehirn aus, und dann lasst ihr das weiße Gold im Wirbelkanal hinunterfließen bis ins Steissbein.

Nun nehmt ihr noch einmal das Gold und wascht alle eure Drüsen mit diesem Gold. Beginnt oben mit der

Zirbeldrüse, dann dem Hypothalamus, der Hypophyse, der Schilddrüse, der Thymusdrüse, dem Pankreas, den Nebennieren und den Eierstöcken/die Hoden.

Lasst nun alle Anspannungen in eurem Körper ganz bewusst los.

ICH BIN DIE ENTSPANNUNG.
ICH BIN ENTSPANNT.
ICH BIN DIE VÖLLIGE ENTSPANNUNG.
ICH BIN VÖLLIG ENTSPANNT.

Zuletzt entspannt ihr auch noch euren kleinen Verstand, erklärt ihm, dass er sich doch einfach beruhigen soll.

Und nun bleibt ihr für eine Weile in dieser Entspannung und spürt so richtig, wie sich die Ruhe in euch ausbreitet.

Und in dieser Ruhe legt ihr euch dann hin und entschwebt in den Schlaf oder in andere Welten.

Ich wünsche euch eine wunderbare Nacht.

ICH BIN MEISTER ST. GERMAIN .

Teil 2

So grüße ich euch auch heute Abend, und wir meditieren kurz zusammen, um uns in die höheren Sphären zu begeben.

Schließt die Augen und lasst durch euren ganzen Körper das Gold fließen. Entspannt euch in diesem goldenen Licht.

Lasst alles los, was euch gerade beschäftigt, lasst die Gedanken einfach fliegen.

Und nun stellt ihr euch eine Zelle vor – und in dieser Zelle bewegt sich eine goldene Acht, die sich spiralförmig nach oben bewegt. Diese Spirale bewegt sich sehr schnell und sie ist gegen oben offen – sie schleudert also alles aus der Zelle, was nicht mehr gebraucht wird.

ICH BIN DIE GOLDENE ACHTERSPIRALE,
DIE ALLES REINIGT IN MEINEM KÖRPER.

So reinigen wir unseren Körper – spürt, wie alles Belastende euren Körper verlässt, spürt, wie alles Schwere aus dem Körper geschleudert wird.

Spürt eine Weile, wie sich das anfühlt.

Mit dieser Zellarbeit werden wir jetzt häufiger fortfahren, damit eure Körper immer leichter und freier werden.

Ich wünsche euch jetzt eine gute Nacht und gute Reise.

ICH BIN MEISTER ST. GERMAIN, DER MEISTER
DER REINIGENDEN VIOLETTEN FLAMME.

Ich grüße euch herzlich aus der Energie der goldenen Tempel. Die goldenen Tempel sind Tempel der Heilung. Hier wird mit Energien gearbeitet, die eine tiefe Heilung auslösen. Es ist eine Energie, die in alle Bereiche des Lebens fließt. Die Weichheit und die Beweglichkeit der goldenen Energie ermöglicht ihr, in jeden Winkel, in jede Spalte und jedes Versteck fließen zu können. Es gibt für sie nichts Verborgenes, nichts könnt ihr vor ihr verstecken, sie wird alles finden, was zu heilen ist.

Ein Besuch in den goldenen Tempeln ist immer eine wunderbare Sache, der uns in die Tiefe unseres Wesens blicken lässt.

ICH BIN DIE HEILUNG DER GOLDENEN ENERGIE.
ICH BIN DIE GOLDENE ENERGIE, DIE ALLES IN MIR HEILT.
ICH BIN DAS GOLD MEINES HERZENS.

So lasst jetzt dieses Gold durch jeden Wirbel fließen, füllt jeden Wirbel mit diesem Gold und vergesst keinen – es sind 24 Wirbel, das Kreuzbein und das Steissbein. Stellt euch vor, eure Wirbelsäule ist aus Gold, ein goldenes Kunstwerk, das in einer Schönheit erstrahlt, die ihr euch gar nicht wirklich vorstellen könnt.

Und mit dieser goldenen Wirbelsäule geht ihr jetzt schlafen. Ich wünsche euch eine goldene Nacht.

ICH BIN MEISTER ST. GERMAIN.

Ich grüße euch an diesem Abend, wo die Kälte aus den Herzen der Menschen kriecht, damit sie sich umwandelt in Licht und Liebe.

ICH BIN DIE WÄRME, DIE IN MEINEM HERZEN WOHNT.

So gehen wir nun einmal auf die Suche nach dieser Wärme, die in jedem Herzen wohnt. Diese Wärme ist immer da, ihr könnt sie einfach greifen und genießen.

Dazu machen wir eine kleine Meditation:

Schließt die Augen und atmet ruhig ein und aus. Werdet dabei ganz ruhig, immer ruhiger.

Nun geht ihr in euren Herzraum und bildet in diesem Raum eine goldene Kugel. Setzt diese Kugel in die Mitte eures Herzens und lasst sie dann wachsen, bis sie das ganze Herz ausfüllt. Spürt, wie es warm wird in euch, und genießt diese Wärme.

Dann lasst ihr die Kugel weiter wachsen über das Herz hinaus und weit über den Körper hinaus und spürt dann, wie sich das anfühlt.

Jetzt sitzt ihr in dieser goldenen Kugel und alles fühlt sich warm und kuschelig an.

ICH BIN DIE WÄRME, DIE MICH ERFÜLLT.
ICH BIN WÄRME.

Wo Wärme ist, zeigt sich auch die Kälte, die noch transformiert werden muss, damit sich die Wärme endgültig ausbreiten kann aus den Herzen der Menschen für eine menschlichere Welt.

So macht diese kleine Meditation häufig, damit sich die Wärme auch hier manifestieren kann.

Ich wünsche euch eine warme Nachtruhe, schlaft gut in eurer Wärme des Herzens.

Ich Bin Meister St. Germain.

Ich grüße euch herzlich aus den goldenen Tempeln der Heilung.

Ich Bin die Kraft der Heilung.
Ich Bin die heilende Kraft der Liebe.
Ich Bin Heilung.
Ich Bin Heil.

Alle diese Worte führen letztendlich in die vollkommene Heilung, und diese Heilung kann nur aus mir selbst kommen. Selbstheilung – Heilung aus meinem Inneren.

Und jeder Mensch hat diese heilenden Kräfte in sich – er darf sie auch jederzeit aktivieren, denn nur so kann er Heilung erfahren.

Euer Bewusstsein lenkt euch immer in diese Richtung der Selbstheilung – auch wenn es manchmal nicht so zu sein scheint. Den Weg der Selbstheilung könnt ihr vielleicht nicht immer sofort erkennen – doch eure Intuition führt euch immer in die richtige Richtung.

Also heißt auch hier das große Zauberwort: Vertrauen.

Ich Bin das Vertrauen in meine innere Heilung.
Ich Bin das Vertrauen in meinen Weg.
Ich Bin das Vertrauen in meinen Plan.
Ich Bin Vertrauen.

So ist vielleicht etwas, was im ersten Moment als schief erscheint, letztendlich ein Segen. So sind oft schmerzvolle Erfahrungen sehr segensreich auf eurem Weg. Wenn ihr in eure Tiefe geht, könnt ihr diese Vorgänge erkennen, und ihr könnt sie als segensreich feiern.

So müsst ihr euch vielleicht auch einmal in den Schmerz einlassen, damit er sich wandeln kann. Sobald ihr euch einlasst auf diesen Vorgang, können sich die Muster, die noch Schmerz bereiten, auflösen.

So setzen wir uns zusammen noch für eine Weile in die Violette Flamme – sie verbrennt alles, was gerade jetzt bereit ist, sich aufzulösen.

Dann füllt ihr euren Körper von oben nach unten vollständig mit Gold auf, damit die vollkommene Selbstheilung in Gang gebracht wird.

ICH BIN DAS GOLD IN MEINEM KÖRPER.
ICH BIN DIE SELBSTHEILUNG DURCH DIESES GOLD.

Und mit diesem Gold in euch wünsche ich euch eine gute Nacht – schlaft in eurem goldenen Tempel und empfangt die vollkommene Heilung.

ICH BIN MEISTER ST. GERMAIN, UND ICH BRINGE EUCH
DIE AUSGLEICHUNG FÜR DIESE HEILUNG.

Ich grüße euch am heutigen Abend, wo das Licht wieder einmal besonders schön leuchtet.

Heute möchte ich wieder eine kleine Meditation machen mit euch.

Schließt die Augen und lasst euren Atem kommen und gehen.

Jetzt bildet ihr eine durchlässige Platte oberhalb eures Kopfes, die aus purem Gold ist.

Diese Platte ist wie ein Scanner, der euren Körper durchwandert.

Er beginnt oben beim Kopf und wandert langsam nach unten. Hals, Schulterbereich, Brustkorb, Arme, Bauch, Unterarme, Hände, Hüfte, Beine bis hinunter zu den Füßen. Er durchwandert auch alle Organe und beschenkt sie mit seinem Gold.

Spürt dabei, wie sich alle Blockaden einfach in Nichts auflösen, wie der Körper immer durchlässiger wird und sich freier anfühlt.

ICH BIN MEIN GOLDENER SCANNER, DER ALLE BLOCKADEN BESEITIGT UND MICH FREI ATMEN LÄSST.

Übt das oft und immer dann, wenn ihr irgendwo eine Blockade spürt. Lasst nicht zu, dass euch diese alten Blockaden das Leben schwer und leidvoll machen, lasst die Freude in euer Leben strömen und feiert euer Sein in jedem Moment eures Lebens.

So wünsche ich euch nun eine gesegnete Nachtruhe.

ICH BIN MEISTER ST. GERMAIN.

Seid gegrüßt am heutigen Morgen.

ICH BIN DAS FRÖHLICHE VVRWÄRTSSCHREITEN
UND NICHTS KANN MICH AUFHALTEN.
ICH BIN DIE GEBIETENDE, LENKENDE GEGENWART,
DIE ALLES VOR MIR BEWEGT, UND ICH BEFEHLE ALL
MEINEM TUN, ALL MEINEN WORTEN UND ALL MEINEN
GEDANKEN VOLLKOMMENEN FRIEDEN UND WOHLKLANG.

So lasst euch niemals aufhalten von Menschen, die in der Ego-Struktur gefangen sind – macht einfach das, was zu tun ist, und tut es fröhlich – mit einem Lachen, mit einem Schmunzeln und mit großer Freundlichkeit.

ICH BIN DIE FREUDE MEINES TUNS.
ICH BIN DIE FRÖHLICHKEIT IN ALLEM.
ICH BIN DAS SCHMUNZELN,
DAS MEIN GESICHT FREUNDLICH MACHT.
ICH BIN DIE FREUNDLICHKEIT,
DIE ALL MEIN TUN BEGLEITET.

Mit diesen Worten werdet ihr nie Probleme aufbauen, sondern nur Widerstände abbauen. So schreitet vorwärts – es gibt keine Hindernisse –, außer ihr baut euch selbst welche auf.

Lasst euch nicht beirren, lasst euch nicht beeindrucken von äußeren Dingen, denn sie sind nur eine Illusion.

Alles da draußen ist eine Illusion – erbaut von menschlichen Gedanken, erbaut auch von menschlicher Ignoranz und Egoismus – also nichts, wovon ihr euch beeindrucken lassen sollt.

Ich wünsche euch einen schönen, fröhlichen Tag zusammen.

Ich Bin Meister St. Germain,
und ich begleite euch.

Ich Bin Vertrauen.

Ich grüße euch am heutigen Abend, an dem wir lernen wollen zu vertrauen. Ich stelle Vertrauen gegen eure Zweifel. Wofür entscheidet ihr euch?

Ihr meint, es sei nicht so leicht zu vertrauen?

Ich sage euch – es ist einfach, denn ihr könnt jederzeit vertrauen, dass ihr aus eurem Innern geführt und geleitet seid.

Ich Bin Vertrauen.

Atmet einmal so richtig tief durch – atmet ganz frei aus – und dann lasst ihr euren Einatem wieder kommen und entspannt eure Sinne – entspannt eure Augen, lasst euer äußeres Sehen einfach los – entspannt auch eure Ohren, lasst euer äußeres Hören einfach los – entspannt auch eure Nase, lasst euren äußeren Geruchssinn einfach los.

Ich Bin das Loslassen meiner Sinne.
Ich Bin die Entspannung meiner Sinnesorgane.
Ich Bin die ruhende Stille.
Ich Bin die stille Ruhe.

So könnt ihr jederzeit alles wieder loslassen – nichts bleibt in euch liegen, da alles immer in Bewegung ist.

So wünsche ich euch eine entspannende Nacht – die Entspannung liegt im Vertrauen.

Ich Bin Meister St. Germain.

Seid gegrüßt am heutigen Abend.

ICH BIN DIE STILLE DES HERZENS.

In dieser Stille liegt eure ganze Kraft, denn nur in der Stille findet ihr eure innere Kraft. Diese Kraft ist euer Motor, der keine Batterien braucht, da er aus der Kraft der Liebe funktioniert. Zu dieser Kraft gehört auch die Sprache des Herzens, die ohne Worte auskommt. Auch hier liegt der Schlüssel im Vertrauen, denn nur wer dieser Sprache vertraut, kann sie auch wirklich sprechen und entschlüsseln. Es braucht ein spezielles Ohr, um sie zu hören, und es braucht eine neue Instanz, um sie zu sprechen. Bei dieser Sprache werden die anderen Stationen ausgeschaltet, da ihr auch nicht wirklich denken müsst dabei.

Wenn ihr im Nicht-denken, im Nicht-handeln seid, fängt das Herz an zu sprechen. Öffnet euer inneres Ohr und hört zu – es sagt euch ganz andere Dinge als euer kleiner Verstand. Plötzlich seht ihr die Dinge in einem neuen Licht, die Illusionen lösen sich auf und ihr begegnet dem Nichts, denn wenn die Worte entfallen, bekommt ihr einen ganz neuen Zugang zum innersten Kern eures Wesens.

Erkennt eure Blockaden, die euch hindern, durch diese Türe zu gehen, und euch aufhalten, wirklich auf euer Herz zu hören und auch danach zu handeln.

Nur das zählt wirklich, nur was das Herz sagt, verändert euer Leben, nur was das Herz sagt, ist wirklich.

ICH BIN DIE SPRACHE DES HERZENS.
ICH SPRECHE DIE SPRACHE DES HERZENS.
ICH BIN DAS ICH BIN.

Löst eure Ängste auf und öffnet diese Türe mutig und mit Freude.

Das wünsche ich euch von Herzen für eine gute Nacht mit erleuchtenden Träumen.

ICH BIN MEISTER ST. GERMAIN.

Ich grüße euch an diesem Abend, und ich sage euch, dass die ICH BIN-Gegenwart immer mehr zu einer Herausforderung für die Menschen wird, wenn sie sie nicht annehmen und anwenden mit reiner Absicht.

Eure Wünsche werden erfüllt – doch passt auf, was ihr euch wünscht, denn die ICH BIN-Gegenwart wird niemandem etwas antun, nur weil ihr euch das wünscht. Es muss immer alles zusammenstimmen.

Und die Wünsche sollen immer aus reiner Absicht kommen – sobald sich jemand einen Vorteil erhofft oder sogar Berechnung dahintersteckt, wird der Wunsch in irgendeiner Form scheitern.

Sobald ihr in einen Zustand eintretet, wo ihr keine wirklichen Wünsche mehr habt, werdet ihr bemerken, wie einfach und leicht das Leben wird. Dann tretet ihr wirklich in einen Seinszustand, der euch zufrieden und glücklich sein lässt, ohne dass ihr sagen könnt, warum ihr euch so glücklich fühlt.

Wenn das geschieht, seid ihr wirklich angekommen in der Leichtigkeit des Seins.

ICH BIN IM SEIN.
ICH BIN.

Und nichts anderes mehr.

Werdet wie die Kinder – sie sind so rein und unverfälscht, sie sind offen und ehrlich –, werdet wie sie, und ihr werdet spüren, dass die Qualität in eurem Leben steigt und steigt. Lernt die dritte Sprache – die Sprache des Herzens –, so könnt ihr immer mit dieser reinen Energie kommunizieren, und ihr lernt, was es heißt, in der reinen Absicht zu stehen. Spürt in diese Energie hinein – spürt, was es heißt, Kind zu sein. Findet heraus, wie ein Kind sich fühlt in einer Welt der Ironie, der Lüge und der Unehrlichkeit. Sie können diese Welt, in die sie geboren werden, wahrlich nicht begreifen und verstehen.

Überlegt gut, was ihr den Kindern mit auf ihren Weg gebt – es ist so wichtig – ihr könnt euch gar nicht vorstellen, wie wichtig.

ICH BIN DAS KIND IN MIR.
ICH BIN DAS ICH BIN.
ICH BIN MEISTER ST. GERMAIN,
UND ICH ZEIGE EUCH EUER INNERES KIND.

Guten Abend, ich grüße euch herzlich an diesem Abend, wo so viel Frieden sich ausbreitet.

ICH BIN FRIEDEN.

Spürt, was mit euch geschieht, wenn sich dieser Frieden ausbreitet, und seid dabei ganz ehrlich zu euch selbst. Spürt ihr die Unruhe, die in euch aufsteigt, weil keine Spiele mehr greifen? Spürt ihr, wie ihr fliehen wollt, weil ihr es mit euch selbst nicht aushalten könnt?

ICH BIN FRIEDEN.

Es ist eine hohe Qualität, die sich da ausbreitet, und es mag euch komisch erscheinen, dass es euch zuerst einmal unruhig macht. Doch das ist normal, da ihr ja diese Qualität gar nicht kennt – ihr dürft den Frieden jetzt kennenlernen, und ich sage euch, ihr werdet ihn lieben.

Frieden ist ein Tiefenzustand, den nur wenige Menschen wirklich kennen. Ihr wollt zwar Frieden – doch ihr meint damit immer nur den Zustand, wo kein Krieg herrscht. Ihr wollt also vorerst einmal keinen Krieg und meint, dann sei wohl Frieden. Doch das stimmt so nicht, denn Frieden findet in euch selbst statt – da gibt es keine Unruhe, keine inneren Kriege mehr, nur noch Frieden.

ICH BIN FRIEDEN.
UND DIESER FRIEDEN SOLL MICH
ZU JEDER ZEIT BEGLÜCKEN.
ICH BIN FRIEDEN.
ICH HEIßE IHN IN MEINEM INNEREN
HERZLICH WILLKOMMEN.

Ich Bin Frieden.
Friede sei, Friede sei, Friede sei in Ewigkeit. Amen.
Ich Bin Meister St. Germain, und ich sage euch –
findet euren Frieden und heißt ihn willkommen.

Ich grüße euch auch an diesem Abend der großen Erhöhung durch die Lichtbegegnungen, die stattfinden.

Manchmal könnt ihr dies nicht erkennen – doch wir sehen es aus unserer Sicht sehr gut, und wir freuen uns sehr darüber.

Alles ist immer in Bewegung und in dieser Bewegung liegt Veränderung und in der Veränderung liegt wiederum die Bewegung.

ICH BIN BEWEGUNG IN DER VERÄNDERUNG.
ICH BIN VERÄNDERUNG IN DER BEWEGUNG.

Sobald ihr dieses Phänomen anhalten wollt, um euch auszuruhen, fühlt ihr euch nicht so gut, denn ihr verursacht für euch selbst Stress.

Anhalten – Festhalten!

ICH BIN LOSLASSEN VON ALLEM, WAS DA IST.

Anhalten – Festhalten verursacht Stress für den menschlichen Körper und verursacht das Ungleichgewicht, das dann zur Krankheit wird.

ICH BIN DIE AUSGEGLICHENHEIT.
ICH BIN VOLLKOMMENE BALANCE.
ICH BIN GESUNDHEIT, DIE AUS DER BALANCE ENTSTEHT.

Also liegt einer Krankheit immer ein Ungleichgewicht zugrunde. Wir bringen wieder alles in Balance und die Krankheit verabschiedet sich wieder.

So einfach das tönt – so einfach ist es tatsächlich. Die Schwierigkeit ist, dass der Mensch nicht weiß, was Balance wirklich ist. Und die zweite Schwierigkeit ist, dass der Mensch nicht weiß, wie er diese Balance immer wieder herstellen kann für sich selbst.

So gebe ich euch eine kleine Meditation mit auf euren Weg:

Setzt euch bequem hin und schließt die Augen.

Dann füllt ihr euren Körper mit purem Gold – jede einzelne Zelle wird mit diesem puren, flüssigen Gold aufgefüllt.

Spürt dabei die Weichheit und die Wärme dieses Goldes.

Dann stellt ihr euch eine Waage vor, die völlig ausbalanciert ist – sie bewegt sich zwar, doch sie ist perfekt im Gleichgewicht.

Und nun stellt ihr euch vor, dass ihr diese Waage seid – ihr seid diese Waage, die in perfektem Gleichgewicht ist. Spürt in diese Balance hinein und freut euch über euer perfektes Gleichgewicht. Spürt, wie sich eure Systeme beruhigen und erholen von allem Stress.

Bleibt noch ein bisschen in diesem Zustand und geht in diesem Gleichgewicht schlafen. Ich wünsche euch ausgeglichene Träume.

ICH BIN MEISTER ST. GERMAIN.

Seid gegrüßt an diesem Abend, wo die Gemüter wieder einmal aufgewühlt sind und die Elemente sich bewegen.

Erhöhungen bringen immer auch wieder Altlasten hervor, die gereinigt und transformiert werden.

Ich Bin die Transformation.
Ich Bin die Reinigung.

So seid euch immer bewusst, dass alles, was ihr tut, alles, was ihr sagt, und alles, was ihr denkt, eine Auswirkung hat. Manchmal entstehen dadurch Kumulationen, die nicht so gut zu durchschauen sind.

Oder die Erkenntnisse kommen erst später, wenn die Stürme sich wieder gelegt haben. Äußere Stürme sind immer auch innere Stürme – sagen wir Dinge, die nicht gesehen werden wollen, die nicht erkannt werden wollen. Durch die Erhöhung wird einfach das Feld bereitet, und dann kann Vieles geschehen, was ohne die Erhöhung nicht geschehen könnte. Doch was der einzelne Mensch damit macht, ob er die Chance erkennt, ob er das offene Fenster oder die offene Türe auch wahrnimmt, das habt ihr nicht zu entscheiden und das könnt ihr auch nicht immer beeinflussen.

Seid euch an Tagen der Zweifel einfach immer bewusst, dass die Liebe und das Licht siegen werden. Die Liebe und das Licht werden alles heilen – auch euren kranken Planeten Erde.

Schenkt ihm die Liebe, die er so nötig braucht. Meditiert mit der Mutter Erde und gebt ihr ein bisschen von der Liebe, die sie euch jeden Tag schenkt, zurück. So kann sie heilen und in neuem Licht erstrahlen.

Ich Bin die strahlende Erde.
Ich Bin die Liebe für die Mutter Erde.
Ich Bin Heilung der Mutter Erde.

Mit diesen Worten könnt ihr der Erde viel geben – und sie wird es euch danken, indem sie noch schöner wird, sie wird es euch danken, indem sie euch ernährt, indem sie euch alles gibt, was ihr braucht. Ist sie es nicht wert, geliebt zu werden? Sie ist immer die treusorgende, pflegende Mutter, ohne etwas zurückzuverlangen – gebt es ihr freiwillig zurück mit all eurer Liebe.

Ich Bin die strahlende Mutter Erde.
Ich Bin Meister St. Germain
und schenke euch das Licht,
das ihr der Mutter Erde weitergeben könnt –
danke, dass ihr das tut!

Seid gegrüßt an diesem friedlichen Abend der Erneuerung, wo alles in einem neuen Lichte erscheint.

ICH BIN DIE ERNEUERUNG.

Und lasst euch nicht beirren, wenn dies im Außen nicht zu sein scheint. Das Außen ist nur eine Illusion und ihr könnt sie unterstützen oder durchschauen.

ICH BIN DIE ERNEUERUNG DER ERDE.

Und so wird es geschehen – auch wenn ihr noch keine Anzeichen dafür sehen könnt. Legt einmal alles beiseite, was euch hindert, an diese Erneuerung zu glauben.

Steht am Morgen auf und schaut aus dem Fenster und seht diese neue Erde vor euch. Sie wird da sein, wenn ihr das wirklich macht.

Vergesst die chronologische Zeit, vergesst alles, was ihr je gehört habt, und seht einfach diese wunderschöne, neue Erde.

ICH BIN DIE ERNEUERUNG DER MUTTER ERDE.

Aus eurem Glauben wird Wissen werden, und aus diesem Wissen entsteht das Vertrauen, dass dies alles geschehen wird.

Oder noch besser – es geschieht genau in diesem Moment.

Jesus sagte:

DIES ALLES WERDET IHR TUN UND NOCH VIEL MEHR.

Was kann er denn damit gemeint haben?

Alles, was er damals getan hat, könnt ihr auch tun – doch in der neuen Energie könnt ihr wahrlich noch viel mehr tun.

Ihr könnt eine neue Welt kreieren, ihr könnt die Erde unterstützen, damit sie sich erholen kann, ihr könnt mit eurem Bewusstsein alles verändern, wenn ihr das in reiner Absicht tut.

So kehrt ein in euer Bewusstsein – nehmt euch die Zeit, euch zurückzuziehen, um ganz mit euch in Kontakt zu kommen. Schult euer Bewusstsein – erhöht all eure menschlichen Aspekte und gebt dies auch an andere weiter.

Ihr meint, sie werden es nicht verstehen – vielleicht stimmt das, doch wie sollen sie es erfahren, wenn ihr euch ausschweigt?

Habt keine Angst, ausgelacht zu werden – was spielt das denn für eine Rolle –, wenn nur ein Mensch etwas mitnehmen kann von dem, was ihr weitergebt, habt ihr einen großen Sieg errungen.

Freut euch über diese kleinen Erfolge und macht unentwegt weiter.

Das Glas ist immer halbvoll!!!

ICH BIN DAS HALBVOLLE GLAS.
ICH BIN DIE TATEN, DIE ICH TUE.
ICH BIN DIE TATEN, DIE ZEIGEN, WAS ICH BIN.

So wünsche ich euch eine gute Nacht, erholt euch vom Tagewerk und steht am Morgen wieder mit Freuden auf in einen neuen Tag, mit neuen Taten, mit neuen Worten und neuen Gedanken.

ICH BIN MEISTER ST. GERMAIN,
UND ICH DANKE, DASS IHR MIR ZUHÖRT.

Seid gegrüßt an diesem Abend der Stille und des Friedens.

Ich lade euch ein, in diese Stille einzutreten und in dieser Stille einen Teil eurer selbst zu finden und zu spüren.

Ich bitte euch, die Augen zu schließen und den Atem ruhig werden zu lassen.

Und so kommt ihr mit mir in den goldenen Tempel, der hier in der Erde liegt. Es ist ein goldener Tempel der Heilung.

Tretet ein in den goldenen Tempel und füllt eure Zellen mit diesem wunderbaren Gold der Heilung.

ICH BIN DIE GOLDENE HEILUNG.
ICH BIN DIE GOLDENE ACHT IN MEINEN ZELLEN.

Schaut euch um und erkennt die Kraft der Heilung, die in diesem wunderbaren Tempel liegt.

Nehmt euch Zeit, die Energie ausgiebig zu spüren, und wenn ihr wieder zur Erdoberfläche zurückkehrt, nehmt diese Eindrücke mit, nehmt die Qualität des Goldes mit auf die Erde und stellt sie der Mutter Erde zur Verfügung mit jedem Schritt, den ihr tut.

Lasst dieses Gold in den Boden fließen als Kraft des Gedeihens, als Kraft des Wachstums und als Kraft der Fülle.

ICH BIN DIE KRAFT, DIE ALLES GEDEIHEN LÄSST.
ICH BIN DAS WACHSTUM ALLER PFLANZEN.
ICH BIN DIE KRAFT DER FÜLLE, DIE IN DIE ERDE FLIEßT.

So nährt ihr die Erde mit einem göttlichen Dünger, der nicht zu überbieten ist. So gebt ihr der Erde alles, was sie braucht, um alles zum Blühen zu bringen. Setzt euch auf die Erde und meditiert mit ihr, sprecht mit ihr und gebt ihr eure Liebe des Herzens.

ICH BIN MEISTER ST. GERMAIN,
UND ICH SPRECHE EUCH MEINEN DANK AUS.

Seid von Herzen gegrüßt am heutigen Abend der Erleuchtung.

Wer nicht aus der Dunkelheit ins Licht will, kann das immer für sich selbst entscheiden – doch hat er niemals das Recht, andere mit ins Dunkle zu reißen. So schützt euch gut vor solchen Kräften.

ICH BIN DAS LICHT, DAS ALLES DUNKLE
VON MIR FERNHÄLT.
ICH BIN DAS LICHT, DAS ALLE DUNKELHEIT,
DIE MICH ANGREIFEN WILL, IN LICHT AUFLÖST.
ICH BIN DAS LICHT, DAS KEINE
DUNKELHEIT MEHR ZULÄSST.

Dunkelheit ist eine Illusion – keine Dunkelheit kann dem Licht standhalten. Und wer andere in der Dunkelheit gefangen hält, kann das Licht nicht erfahren.

Wenn ihr die Dunkelheit erkennen könnt, lasst einfach euer Licht fließen, damit nichts von dieser Dunkelheit den Weg in euer Feld finden kann.

Solange ihr in einer gebenden, offenen Haltung seid, wird keine Dunkelheit Eintritt finden bei euch.

ICH BIN DAS OFFENE HERZ,
DAS NICHTS ZU FÜRCHTEN HAT.
ICH BIN MEISTER ST. GERMAIN,
UND ICH ÖFFNE EURE HERZEN.

Seid herzlich gegrüßt an diesem Abend der Einkehr – einkehren bei sich selbst ist wie heimkehren nach Hause.

ICH BIN BEI MIR.
ICH BIN GANZ BEI MIR.
ICH BIN IN MIR BEI MIR.
ICH BIN GANZ MEIN WESEN.

So kehrt ihr zu euch zurück – so bekommt ihr wieder Kontakt zu euch selbst, wo es keine Angst, keine Trauer, keine Wut und keinen Hass gibt – denn euer Wesen ist Liebe und nichts anderes als einfach Liebe, die über euch hinauswächst.

Wenn ihr an diesem Ort ankommt, ist das, wie wenn ihr ein endloses Labyrinth endlich durchschaut habt – ihr seid in der Mitte des Labyrinths angekommen und könnt feiern.

Endlich zu Hause angekommen.

So habt ihr alles hinter euch gelassen. Die Karmaschulden sind aufgehoben und können euch nicht mehr stören.

Jetzt könnt ihr endlich sagen:

ICH BIN FREI.

Was macht ihr nun mit dieser Freiheit?

Ich gebe euch ein bisschen Zeit, es herauszufinden.

ICH BIN MEISTER ST. GERMAIN,
UND ICH BIN SCHON LANGE FREI.

Ich grüße euch an diesem Abend, wo vieles zusammenkommt und anderes sich trennt.

Das klingt wohl komisch in euren Ohren, und eure Hirnzellen fangen an zu arbeiten, und doch stimmt, was ich sage.

Ihr lebt in der Trennung, und ihr seid auf die Erde zurückgekommen, um diese Trennung zu erleben und sie dann aufzuheben.

Diese Trennung zu verlassen, macht euch echt Probleme, da es die Trennung von eurer Ego-Struktur bedeutet. Nur wenn ihr euer Ego verlasst, wenn ihr dem Ego keine Bedeutung mehr gebt – nur dann ist es möglich, in die Einheit und somit aus der Trennung zu treten.

ICH BIN EINS.

Wenn ihr es schafft, eurem Ego keine Bedeutung mehr zu geben, euch nicht mehr mit diesen Ego-Strukturen zu identifizieren, dann seid ihr in eure angestammte Einheit zurückgekehrt und ihr seid frei.

ICH BIN EINS.

Solange ihr jedoch an den Spielen der Aktion, Reaktion und Interaktion festhaltet, werdet ihr die Einheit nicht wirklich erleben.

Wer hingegen die Einheit betreten hat, wird nicht mehr aufs Spielfeld zurückkommen, da er die Qualität der Einheit erkennt und sie dadurch schätzt.

ICH BIN EINS.

Und nichts anderes hat mehr wirklich Bedeutung.

Frieden ist eingekehrt, und dieser Frieden breitet sich aus.

ICH BIN EINS.
ICH BIN FRIEDEN.
ICH BIN FRIEDEN IM EINSSEIN.
ICH BIN EINS IM FRIEDEN.

So strebt immer nach der Einheit, wenn ihr wahrhaftig Friedensarbeiter sein wollt.

ICH BIN MEISTER ST. GERMAIN,
UND ICH BRINGE EUCH DEN FRIEDEN NAH.

Ich grüße euch an diesem Abend der Veränderung und der Erfüllung.

Dinge enden – Dinge verändern sich – Dinge beginnen.

ICH BIN DER NEUBEGINN.

Das könnt ihr sagen, denn in der irdischen Energie scheint es euch so zu sein, obwohl nie etwas endet oder beginnt. Alles ist immer da – es verändert nur die Form.

So geht in diesem Bewusstsein fröhlich auf eurem Weg weiter – es wird für euch gesorgt, ihr werdet immer haben, was ihr braucht. So sieht die Erfüllung aus – die Fülle ist da, um gepflückt zu werden. Ihr holt alles aus dieser Energie, was ihr braucht, um eure Aufgabe hier auf diesem Planeten zu erfüllen.

ICH BIN DIE ERFÜLLUNG.
ICH BIN DIE FÜLLE.

So ist euer Glas immer halbvoll, auch wenn ihr das nicht so seht – stellt euch doch einfach vor, das Glas ist in der oberen Hälfte gefüllt – dann habt ihr immer ein volles Glas, obwohl es nur halbvoll ist.

Jetzt habe ich euch verwirrt. Nein, ich habe euch nur eure eigenen Verwirrspiele vorgeführt. So verwirrt ihr euch selbst, weil ihr in einer bestimmten Vorstellungswelt gefangen seid. In eurer Vorstellung existiert ein gewisser fixer Ablauf der Dinge – und wenn es dann doch nicht so ist, seid ihr verängstigt und verwirrt.

Lasst los – lasst eure Vorstellungen einfach los. Fixiert euch nicht an eure Bilder, wie es sein soll oder wie es sein kann – da sich immer alles bewegt, ist es schon lange nicht mehr so, wenn ihr da angekommen seid. So versperrt ihr euch nur den Weg mit euren Vorstellungen, und damit macht ihr euch euer Leben schwer.

ICH BIN FREI – VON ALLEN VORSTELLUNGEN
FÜR IMMER FREI.

So schließt eure Augen und lasst einfach neutrales Licht durch euren Körper fließen – es wäscht eure Vorstellungen weg und lässt freien Raum zurück, den ihr für euer Leben brauchen könnt.

ICH BIN DER FREIE RAUM FÜR MEIN LEBEN.

So seid ihr für alle Überraschungen bereit und könnt sie einfach annehmen und dann auch wieder loslassen.

ICH BIN DAS FRÖHLICHE LOSLASSEN
ALLER VORSTELLUNGEN.

ICH BIN MEISTER ST. GERMAIN.

So grüße ich euch zu eurem „Geistfest“ auf Erden.

Ich möchte, dass ihr diesen Geist wirklich empfangen könnt, und so machen wir heute eine kleine Meditation:

Schließt die Augen und atmet ruhig ein und aus.

Lasst mit jedem Ausatem los – lasst alles los, was ihr nicht mehr braucht in eurem Leben, lasst eure Anspannungen los, die ihr noch habt tief in eurem Innern.

Erschreckt nicht, wenn aus dieser Tiefe noch Bilder auftauchen, die ihr noch nicht kennt. Sie kommen, um euch zu zeigen, worauf ihr achten sollt, um euch darauf hinzuweisen, dass da noch etwas ist, was noch nicht vollkommene Harmonie ist. So habt ihr die Chance, all diese Aspekte in Harmonie zu bringen.

Haltet den Fokus auf diese Harmonie ausgerichtet, und nur darauf.

Und nun lasst den Geist in euch fließen – wie ein erfrischender Sommerregen dringt er in eure Zellen – jede einzelne dieser Zellen füllt sich auf mit diesem wunderbaren Geist des neuen Christusbewusstseins. Es erfasst euch in eurem ganzen, vollkommenen Sein bis in die tiefsten Tiefen eurer Seele. Dieser Geist durchdringt alle Schichten, alle Ebenen und alle Dimensionen, er erhellt alle Dunkelheit, alle Schatten und lässt euch alles im hellen Lichte sehen. Er lässt euch begreifen, was es heißt, diesen Geist zu empfangen.

Nun könnt ihr aus diesem Geiststoff alles kreieren, was ihr braucht, um eure Aufgabe hier auf diesem Planeten zu erfüllen. So habt ihr immer alles dabei, was ihr braucht.

Ich Bin der Geist Gottes.
Ich Bin der Geist Gottes.
Ich Bin der Geist Gottes.
Ich Bin Meister St. Germain,
Und ich lebe im Geist Gottes.

Seid gegrüßt an einem Abend des heiligen Geistes.

ICH BIN GEGENWART.

Mit diesen Worten könnt ihr euch in der Gegenwart halten, auch wenn ihr in der chronologischen Zeit Termine einzuhalten habt. Es stört die Nicht-Zeit nicht, und ihr fühlt euch stärker und leistungsfähiger, als wenn ihr euch wirklich in der chronologischen Zeit niederlasst.

ICH BIN DIE GEGENWART.

So habt ihr in jedem Augenblick endlos Zeit zur Verfügung und könnt den Stressfaktor aus eurem Leben entfernen – er wird nicht mehr erscheinen, da ihr alle Zeit der Welt habt.

ICH BIN DER GEIST DER GEGENWART.
ICH BIN DER GEIST, DER DIE GEGENWART ERFÜLLT.

So weitet ihr die Gegenwart aus und könnt die Vergangenheit verlassen, und die Zukunft wird ja in der Gegenwart manifestiert. Daran müsst ihr immer denken. Haltet eure Gedankenwelt rein oder berichtigt sie sofort, wenn ihr auf Abwege geraten seid. Haltet auch nicht fest an vorgefügten Bildern, denn auch die beeinflussen die Manifestation der Zukunft.

Befreit euch von Bildern, Erinnerungen, Emotionen und Gedanken – so seid ihr frei für neue Dinge und Begegnungen.

ICH BIN GEGENWART.

Nichts anderes soll euch beeinflussen als eben nur dieser eine Moment, der sich gerade jetzt ereignet.

Ich Bin Meister St. Germain hier und jetzt.

Ich grüße euch an diesem Abend der veränderten Lichtverhältnisse auf dem Planeten Erde. Afrika, o du schönes Afrika!

Reinigung ist notwendig, um dieses Land ins Licht zu erheben.

ICH BIN DAS LICHT AFRIKAS.

Schickt ihr Licht an diesen Ort, kann die Reinigung stattfinden.

ICH BIN DAS LICHT AFRIKAS.

Und schon verändert sich alles auf diesem großen Kontinent, wo so viel Armut herrscht – obwohl es der reichste Kontinent dieses Planeten ist. Verdichtete Armut wird in einer höheren Schwingung ganz einfach zu Reichtum. Vielleicht habt ihr Mühe, das zu verstehen, doch es ist so. Die andere Seite oder die polare Seite ist immer schon in einem Begriff enthalten.

Armut – Reichtum
Ungerechtigkeit – Gerechtigkeit
Ungleichgewicht – Gleichgewicht
Hass – Liebe

Wo also die größte Armut herrscht, ist schon Reichtum vorhanden.

Wo immer noch Ungerechtigkeit und Menschenrechtsverletzungen vorherrschen, regiert bereits Gerechtigkeit und Respekt den Menschen gegenüber.

Wo im Augenblick noch ein großes Ungleichgewicht vorherrscht, ist das Gleichgewicht bereits am Werke, und genau dieser Ort wird im Endeffekt den Planeten ausgleichen.

Wo die Menschen noch mit großem Hass aufeinander losgehen, sich töten und bekriegen, ist bereits die größte Liebe, die es auf diesem Planeten gibt, am wachsen. Sie sprießt und keimt, ohne dass ihr das wahrnehmen könnt.

ICH BIN DAS LICHT AFRIKAS.
ICH BIN DIE LICHTPYRAMIDE,
DIE IMMER MEHR LEUCHTET UND ERLEUCHTET.
ICH BIN DAS ICH BIN.
ICH BIN MEISTER ST. GERMAIN.

Ich grüße euch an diesem Tag der großen Kraft der 6-6-6, die sich immer mehr in die 9-9-9 wandelt.

ICH BIN DIE GROẞE UMWANDLUNG.

So geht es jetzt um die Stabilisation dieser Umwandlung, damit sie die Manifestationen trägt und noch schneller entstehen lässt.

So kann in kürzester Zeit alles entstehen, das nötig ist, um diese Umwandlung zu vervollständigen.

ICH BIN DIE GROẞE, UMFASSENDE UMWANDLUNG.

So könnt ihr eure Aufgaben für den Plan besser bewerkstelligen und schneller ausführen. So kann alles geschehen, das nun sein muss, um den Frieden auf diesem Planeten zu stabilisieren und zu vertiefen.

Tut alles dafür – und tut es in reiner Absicht – es wird euch und der Mutter Erde zu Ehren gereichen.

Ich wünsche euch, dass ihr eure Schritte mit Freude gehen könnt – lasst eure Ängste hinter euch, wandelt sie um und lasst sie los.

ICH BIN DIE UMWANDLUNG ALLER ÄNGSTE UND SORGEN.
ICH BIN DIE UMWANDLUNG.
ICH BIN DIE UMWANDLUNG ALLER GEGENSÄTZE
IN DIE EINHEIT DER QUELLE GOTTES.
ICH BIN UMWANDLUNG.

Lasst uns feiern – eine große Lichtfeier findet heute Nacht statt – es sind viele Ziele erreicht worden – lasst uns feiern, lasst uns tanzen mit euch.

Ich lade euch ein!

Ich Bin Meister St. Germain,
und wir feiern die ganze Nacht.

Ich grüße euch an diesem Abend des Friedens.

Es gibt keine schlechten Energien – es gibt einfach nur Energie – wie ihr diese Energie beladet oder erlebt, ist ganz allein eure Angelegenheit.

ICH BIN ENERGIE.

Es gibt kein gut und böse – es gibt nur das Sein!

Solange ihr die Dinge und die Energien polarisiert, könnt ihr euch nicht befreien von Dingen und Energien, die euch stören oder die euch blockieren.

So lasst die Vorstellung von gut und böse einfach los. Löscht diese Vorstellungen aus euren Programmen und ihr werdet frei und glücklich sein.

ICH BIN ENERGIE.

Wenn ihr frei sein wollt von störenden Gedanken – dann befreit euch einfach davon, indem ihr sagt:

ICH BIN FREI VON ALLEN GEDANKEN.

Und schon schwirren die Gedanken davon. Niemand kann euch besetzen, wenn ihr das nicht erlaubt. Niemand hat Zugriff auf eure Systeme, wenn ihr diesen Zugriff nicht innerlich erlaubt durch alte Verträge. Löst diese Verträge auf und ihr werdet nicht mehr besetzt werden.

ICH BIN FREI VON BESETZUNGEN.

Und schon sind die Besetzer abgezogen, denn sie haben keine Macht mehr über euch. Wenn ihr das tief innen begreift, werdet ihr keine solchen Szenarien mehr kreieren.

So werdet ihr euch sofort befreien können mit nur wenigen gezielten Worten.

Findet ihr das nicht auch toll, dass das so gut funktioniert?

Ich kann euch nur beglückwünschen zu eurer Wahl der Ich Bin-Gegenwart, denn sie wird euch einen freien Weg bereiten, wann immer ihr sie einsetzt.

Ich Bin Energie.
Ich Bin nichts als Energie.

So erlöst ihr alles „müssen, wollen, sollen usw." Es löst sich auf in Licht und Liebe. Doch wie wollt ihr Liebe kreieren, wenn ihr gar nicht so richtig wisst, was Liebe ist und wie sie sich anfühlt?

Energie ist immer frei von einem Wertsystem – Energie kann nichts anderes sein als einfach „sein"!

Ich Bin Energie.

Und dann gebt ihr der Energie genau die Qualität, die ihr gerade braucht. Ihr habt immer die Möglichkeit, die Energien umzuwandeln in Licht und Liebe. Mit der Ich Bin-Gegenwart schafft ihr das in Sekundenbruchteilen – ihr werdet immer wieder staunen, wie schnell sich alles verändert.

Ich Bin Energie und ich danke dafür, denn sie ermöglicht mir alles, was ich brauche.
Ich Bin Meister St. Germain.

Seid gegrüßt an diesem Abend der Erleuchtung.

Was ist eigentlich Erleuchtung?

Wie das Wort schon sagt, wird etwas beleuchtet, erleuchtet – es wird etwas ins Licht geholt. Durch diesen Vorgang könnt ihr plötzlich etwas sehen, was vorher nicht möglich war zu sehen.

Also ist jede Erkenntnis auch eine Erleuchtung.

Was bringt uns eine Erkenntnis?

Auch dieses Wort drückt ziemlich genau aus, was es uns bringt. Ihr lernt etwas kennen, ihr lernt einen Anteil in euch kennen, den ihr bis zu diesem Moment nicht erkennen konntet.

Wichtig dabei ist, dass ihr sowohl Erkenntnisse wie auch Erleuchtungen in euer Leben einbaut – nehmt sie wahr und integriert sie in euer Leben.

Erkenntnisse und Erleuchtungen, die nicht genutzt und umgesetzt werden, sind wie eine Suppe ohne Salz. Wenn durch Erkenntnisse und Erleuchtungen keine Veränderungen eingeleitet werden, sind sie wie Kristalle, die nicht leuchten, oder wie Eis, das an der Sonne nicht schmilzt.

ICH BIN DIE ERLEUCHTUNG.
ICH BIN DIE ERKENNTNIS.

So nutzt eure Erkenntnisse und Erleuchtungen für euer tägliches Leben – sie sind das Salz in eurer Suppe und das Licht, das durch den Kristall hindurch scheint und ihn erstrahlen lässt in all seiner Pracht.

So wünsche ich euch für diese Nacht viele schöne Erkenntnisse und Erleuchtungen, damit der morgige Tag den Geist der Pfingsten aufnehmen kann in seinem vollen Umfang und seiner Größe.

Ich Bin Meister St. Germain,
und ich werde euch dabei helfen,
den Geist aufzunehmen und zu integrieren.

Ich grüße euch aus der Energie des ewigen Geistes.

Ich Bin der ewige Geist, der alles belebt.
Ich Bin der Geist Gottes, der in allem wohnt.
Ich Bin der Geist Gottes, der alles ist.

Wenn dieser Geist in euer Leben Einzug hält, dann verändert sich alles. Ihr nehmt alle Dinge, alle Geräusche, Formen, Farben und Töne anders wahr. Vielleicht seid ihr für kurze Zeit schreckhafter, denn eure Sinne sind neu eingestellt auf der geistigen Ebene.

Ich Bin Stille.
Ich Bin die Lautlosigkeit,
in der die innere Stille geboren wird.
Ich Bin Stille.

Wenn ihr diese Stille immer wieder anruft, wird euch der Lärm immer weniger stören – es wird sogar vorkommen, dass ihr den Lärm öfter gar nicht mehr wahrnehmen könnt, weil in euch nur noch Stille herrscht.

So ärgert euch nicht über den Lärm – er führt euch immer mehr in die Stille, die ihr seid.

Ich Bin hier, Ich Bin da, ich gebiete Stillesein.
Ich Bin hier, Ich Bin da, ich gebiete das Stillesein.
Stille sei hier und jetzt.
Danke für die Stille, die sich ausbreitet.

Seid euch dabei immer bewusst, dass sich der Mensch gegen diese Stille wehrt, denn diese Stille wirft sein Weltbild über den Haufen. Alle seine Vorstellungen verschieben sich, nichts kann mehr so gesehen werden wie vorher. So kommt es, dass viele Menschen sich immer mehr in den Lärm begeben, nur um die Stille nicht hören zu müssen.

Stille kann ohrenbetäubend sein für Menschen, die sie nicht gewohnt sind.

So seid mitfühlend mit diesen Menschen, die die Stille nicht ertragen können, denn sie sind wahrhaftig zu bedauern, da sie sich selbst nicht begegnen können. Ihr könnt euch selbst nur in der Stille begegnen – so sucht die Stille, wann immer es möglich ist, und verlasst die Stille niemals, wenn die Außenwelt auch noch so nach euch ruft.

So sei es – Stille sei.

ICH BIN MEISTER ST. GERMAIN, DER MEISTER,
DER AUS DER STILLE ZU EUCH KOMMT.

Ich grüße euch an diesem Abend der Einkehr.

Wir rufen euch zu: Kommt zurück ins Licht!

Und wir fragen uns, was euch daran hindert, diesen Weg konsequent zu gehen.

Angst!

Nur Angst verhindert eine mit aller Konsequenz gelebte Rückkehr ins Licht.

ICH BIN VERTRAUEN.

Wenn ihr das Vertrauen aufbringt, wird die Angst verschwinden.

Was fürchtet ihr denn so sehr?

Fragt euch das doch einmal und sucht die Antwort in euch selbst – sie liegt in euch, diese Antwort, die euch den Weg frei macht für das Vertrauen in den Plan, den ihr mitgestaltet habt.

ICH BIN DAS VERTRAUEN, DAS MICH MEINEN WEG
ZURÜCK INS LICHT GEHEN LÄSST.
ICH BIN DAS VERTRAUEN.

So wird alle Angst in Licht aufgelöst – das Licht wird immer heller und heller – ihr werdet immer mehr geblendet von diesem hellen Licht.

Fürchtet euch nicht, schließt nicht eure Augen vor diesem hellen Licht. Nehmt es vielmehr auf in eure Zellen, damit ihr leuchtet für die anderen.

ICH BIN VERTRAUEN – ICH VERTRAUE.
ICH BIN MEISTER ST. GERMAIN.

Ich grüße euch an diesem Abend der Erneuerung und der neuen Chancen.

Türen gehen auf – Chancen werden angeboten. Ob ihr sie nutzt – das liegt in eurer Entscheidung.

Wir, die Meister, die euch begleiten – wir hoffen immer, dass ihr die Chancen ergreift und nutzt. Doch wir können nicht gegen euren freien Willen handeln, darum haben wir eure Entscheidungen zu akzeptieren – auch wenn ihr euch dadurch selbst schädigt oder sogar zerstört.

So dürft ihr die Chancen packen – ihr dürft auch eure Mitmenschen verstehen, wenn sie diese Chancen nicht packen wollen oder können.

Bleibt bei euch und euren Entscheidungen – sorgt gut für euch selbst – und lasst euch nicht beirren durch andere Meinungen und jedwede Vorschriften.

ICH BIN FREI IN MEINEN ENTSCHEIDUNGEN.
ICH BIN DER WEG, DIE WAHRHEIT UND DAS LEBEN.

Wollt ihr euch wirklich gegen diese Worte entscheiden?

ICH BIN DER WEG, DIE WAHRHEIT UND DAS LEBEN.

Lasst diese Worte in euch wirken, lasst sie ganz tief in euch fallen und spürt, was sie in euch auslösen.

Die Wahrheit ist nicht das, was ihr sagt – es ist das, was ihr spürt, und nur wenn dieses Spüren in vollkommenem Einklang ist mit dem, was ihr sagt, wird sie zu ausgesprochener Wahrheit.

Solange ihr also die Worte nicht im Einklang schwingen lasst mit eurem inneren Spüren, werdet ihr die Wahrheit nicht wirklich kennen. Wenn ihr Worte und Gefühle in Einklang bringt – dann öffnet sich euch das Tor zur Wahrheit, zur Wahrhaftigkeit und auch zur wahren Liebe.

So werdet ihr erfahren können, was wahre Liebe ist, was wahre Liebe vermag und wie wahre Liebe heilt.

ICH BIN DER WEG, DIE WAHRHEIT UND DAS LEBEN.
ICH BIN WAHRE LIEBE.
ICH BIN DIE WAHRE LIEBE, DER WAHRE AUSDRUCK
VOLLKOMMENER HARMONIE.
ICH BIN MEISTER ST. GERMAIN.

Ich grüße euch an diesem Abend, wo wir wieder zusammenkommen, um miteinander all das zu feiern, was ihr jeden Tag manifestiert.

ICH BIN DAS LICHT DER WELT.

Mit diesem Satz bringt ihr jeden Tag so viel Licht auf die Erde, dass es euch manchmal blendet.

Viele von euch können dies vielleicht nicht wahrnehmen – doch es ist die Wahrheit.

ICH BIN DAS LICHT DER WELT.

Und schon leuchtet alles in hellem Licht. Ihr könnt euch noch so im Dunklen zu verstecken versuchen – das nützt euch nichts, denn ihr leuchtet im Dunklen noch viel heller, als wenn ihr in vollem Lichte steht. Also täuscht euch nicht – ihr leuchtet jeden Tag heller und heller, ob ihr es seht oder nicht. Das immer heller werdende Licht ist ein perfekter Spiegel für euch.

Es gibt so viele von euch, die so hell leuchten, und doch habt ihr selbst keine Ahnung von diesem Licht.

Das macht nichts – ihr werdet es genau zum richtigen Zeitpunkt wissen und dann auch ganz dem Plan entsprechend einsetzen.

ICH BIN DAS LICHT DER WELT.

Und diese Welt braucht dieses Licht so nötig.

Wenn ihr euch fragt: Wie bringe ich noch mehr Licht auf diesen Planeten?, da kann ich euch nur sagen – lacht so richtig von Herzen, denn lachen ist so wirksam wie ein

Sternenregen. Ein Lachen funkelt und sprüht durch die Atmosphäre und erheitert und erhellt jedes Gemüt, das es erreicht. Die Seele lacht so gerne, denn sie sieht diese Welt als große Bühne, auf der ein großes Theater gespielt wird.

Spielt einfach eure Rolle gut – und wechselt die Rolle, so oft ihr nur wollt. Ihr könnt immer auf verschiedene Art und Weise eure Ziele, die euch der Plan vorgibt, erreichen.

Ich Bin das Licht der Welt.
Ich Bin Meister St. Germain.

Ich Bin das Ich Bin.

Mit diesen Worten begrüße ich euch heute Abend.

Sagt diese Worte und spürt, wie ihr sofort in Verbindung seid mit allem, was ist.

Ich Bin das Ich Bin.

Ich möchte euch ermuntern, mehr mit diesen Worten zu arbeiten, denn wo immer ihr in einer Situation die Ich Bin-Gegenwart arbeiten lasst, wird alles so geschehen, wie ihr es für euch geplant habt.

So machen wir heute wieder einmal eine kleine Meditation:

Schließt eure Augen und atmet ruhig ein und aus.

Dann sprecht ihr einige Male die Worte:

Ich Bin das Ich Bin.
Ich Bin das Ich Bin.
Ich Bin das Ich Bin.

Ihr könnt sie laut sprechen oder einfach still in euch hineinsagen, oder ihr könnt beides ausprobieren. So könnt ihr spüren, wie es wirkt – gibt es einen Unterschied oder fühlt sich beides gleich an?

Lasst euch dabei genügend Zeit.

Dann lasst ihr dieses Ich Bin das Ich Bin in eure Zellen eintreten, werdet ganz zu diesem Ich Bin das Ich Bin.

Weitet euch aus, wachst ins Universum, steigt auf wie ein Luftballon, lasst euch tragen von diesem Ich Bin das Ich Bin.

Lasst euch überraschen, wo es euch hinträgt.

Kann ich mich ganz dieser Kraft überlassen, oder will ich bestimmen, wohin es geht?

Seid ganz ehrlich zu euch selbst und lasst euch immer weiter tragen.

ICH BIN DAS ICH BIN.

Wo lande ich mit diesen Worten, was mache ich für Erfahrungen auf dieser Reise?

Lasst euch führen in eine Welt voller Licht, Liebe und Frieden.

ICH BIN DAS ICH BIN. – LICHT, LIEBE UND FRIEDEN.
ICH BIN MEISTER ST. GERMAIN.

Ich Bin Liebe.

Und wo Liebe ist, hat keine Angst Platz.

So schaut eure Ängste an und ignoriert sie nicht. Schaut euren Ängsten in die Augen und löst sie mit der Liebe auf. So können sie euch weder stören noch besetzen.

Wenn ihr sie ignoriert und ablehnt, sie nicht sehen wollt und so weiter, dann gebt ihr ihnen noch mehr Kraft, und sie bekommen ein Eigenleben, das sehr viel Zerstörungspotenzial enthält.

Ich Bin Liebe.

Und nur diese Liebe hat Platz in meinem Leben.

Ich Bin Liebe.
Ich Bin Meister St. Germain.

Ich grüße euch an diesem Abend, wo das Licht wieder zugenommen hat.

ICH BIN DAS LICHT.

Licht ist Licht in allen Variationen, und jeder kann dieses Licht benutzen, doch die ICH BIN-Gegenwart wird nur funktionieren, wenn sie mit der reinen Absicht eingesetzt wird. Ihr könnt also niemals jemandem Schaden zufügen, wenn ihr die ICH BIN-Gegenwart benutzt. Weder ihr noch sonst jemand wird dies können, denn die ICH BIN-Gegenwart ist Gott in euch, und die Energie Gottes ist reine Liebe und hat nur die reine Absicht zur Verfügung.

ICH BIN DAS LICHT.

So könnt ihr diese Worte und Informationen an jedermann weitergeben, denn sie werden keine Wirkung haben, wenn sie schadenbringend eingesetzt werden.

ICH BIN DAS VERTRAUEN IN DAS LICHT.

So könnt ihr vertrauensvoll mit der ICH BIN-Gegenwart arbeiten, und wer sie ohne die reine Absicht benutzt, wird selbst den Schaden davontragen.

Wenn ihr regelmäßig mit der ICH BIN-Gegenwart arbeitet, werdet ihr mit der Zeit selbst spüren, wie die Sätze zu formulieren sind. Es gibt manchmal ganz kleine Nuancen, die Worte wirkungsvoller machen.

Auch werdet ihr merken, dass die Worte nicht zu eurer Verteidigung eingesetzt werden können, sondern eben als Kreation dessen, was ihr wünscht.

Wenn ihr also den Schutzkreis macht, dann kreiert ihr euren Schutz, damit ihr euch geschützt und geborgen fühlen könnt, nicht unbedingt, um etwas abzuwehren, denn euer Vertrauen in das, was eben geschieht, ist der größte und wirkungsvollste Schutz, den es nur geben kann.

So könnt ihr jederzeit Gott mit der ICH BIN-Gegenwart in Bewegung setzen und habt somit immer alles in der „Tasche", was immer ihr braucht.

NUR GOTT HANDELT DORT.
NUR DIE ICH BIN-GEGENWART HANDELT
IN DIESEM FALL ODER AN DIESEM ORT.

So müsst ihr weder große Reden schwingen, noch müsst ihr irgendetwas anprangern – es ist immer schon getan, sobald die ICH BIN-Gegenwart in Bewegung ist.

Es gibt nichts, was euch zerstören kann – außer ihr selbst!

Und so ist es.

ICH BIN MEISTER ST. GERMAIN.

Ich Bin die Herzensliebe.

Und mit dieser Herzensliebe begrüße ich euch an diesem Abend des Zusammenschlusses.

Die Herzen verbinden sich im universellen Herzen und bilden somit das galaktische Herz, das immer größer und reiner wird.

Ich Bin das galaktische Herz.

Wenn dieses galaktische Herz eine gewisse Größe erreicht hat, werden die Gegenkräfte immer weniger werden, denn dann könnt ihr die Unterstützung aus dem galaktischen Herzen viel besser spüren, und wenn ihr diese Unterstützung spüren könnt, wird euer Vertrauen weiter wachsen und die Zweifel werden verschwinden.

Ich Bin das liebende Herz.

So werden die Tränen verschwinden und das Lachen und die Freude werden groß sein. Mit einem Lachen kommt ihr in diesem galaktischen Herzen an, und ihr macht es noch größer. Mit jeder Verbindung zum galaktischen Herzen wird es größer und größer, und es gibt niemanden und nichts, das dies verhindern könnte.

Ich Bin die Verbindung
mit dem galaktischen Herzen.

So findet ihr immer die Verbindung und dadurch auch das Vertrauen, dass ihr nie mehr allein seid, denn ihr könnt euch immer treffen im galaktischen Herzen. Da gibt es immer andere, die das Tor durchquert haben, die auf euch warten und euch freudig begrüßen.

So verlasst ihr eure selbst kreierte Einsamkeit und betretet das Kollektiv, das euch trägt und unterstützt. Auch wenn ihr das nicht immer als Unterstützung erleben werdet, ist es dennoch Unterstützung.

ICH BIN DDAS HERZ.
ICH BIN DIE LIEBE.

Und beides zusammen verbindet euch mit allen und allem im Universum.

So begrüße ich euch heute am Tor zum galaktischen Herzen und heiße euch willkommen. Ich freue mich über eure Anwesenheit und umarme euch mit meiner Liebe.

ICH BIN MEISTER ST. GERMAIN,
ICH BIN DIE LIEBE IN EUREN HERZEN.

Ich grüße euch an diesem Abend, wo wir wieder eine Lichterhöhung erreicht haben.

Ich Bin das Licht.

Und es wird nicht nur draußen heller und heller, es wird auch in euren Herzen immer heller und lichter.

Die Erde kann sich mit diesem Licht immer schneller erneuern und kann aufatmen – auch wenn es da draußen manchmal nicht so aussieht. Tief in der Erde wird Schicht für Schicht gesäubert und erneuert. Die Erde wird somit immer mehr in einen Zustand des Aufstiegs gebracht. Dunkles wird erhellt – Licht dringt in jede Dunkelheit, sei sie nun uralt oder frisch kreiert – alles wird sogleich wieder erhoben und beleuchtet. Nichts bleibt mehr im Dunklen sitzen.

Ich Bin Licht.
Ich Bin das Licht.
Ich Bin Licht.

Jede einzelne Zelle füllt sich mit diesem Licht, und es durchflutet so den ganzen physischen Körper.

Durch dieses Licht werden alle Zellen erneuert – schneller als gewöhnlich und auch anhaltender. So findet eine vollständige Erneuerung statt, wenn ihr ganz bewusst das Licht einladet in eure Zellen. Ihr könnt es noch gezielter machen, indem ihr die Stammzellen mit Licht anfüllt – so können sie nur noch Lichtzellen produzieren, so müssen die Zellen nicht mehr immer gereinigt werden, sondern sie werden schon im Licht geboren oder kreiert.

Das könnt ihr jederzeit machen oder in eure Meditationen einbauen.

ICH BIN DAS LICHT IN MEINEN STAMMZELLEN.
ICH KREIERE LICHTZELLEN FÜR MEINE ERNEUERUNG.
ICH BIN LICHT.
ICH BIN MEISTER ST. GERMAIN.

Ich grüße euch an diesem Abend der Aufklarung.

ICH BIN KLARHEIT.
ICH BIN DIE KLARHEIT MEINER GEDANKEN.

So haltet ihr eure mentale Ebene frei, was sehr wichtig ist, damit ihr nicht Dinge kreiert, die andere denken.

Lasst alle Gedanken los, lasst sie zu Licht werden, und die Welt wird dadurch ein bisschen besser, ein bisschen freier und ein bisschen freudiger.

ICH BIN DIE KLARHEIT MEINES DENKENS.

So seid ihr frei von komischen Gedankengängen, die nur die Erde vergiften. Es gibt mentalen Müll, sowie es auch emotionalen Müll gibt, und all dieser Müll muss immer wieder durch die Engel entsorgt werden.

Darum sind die Engel immer wieder überlastet, und sie können sich nicht wirklich gut fühlen.

ICH BIN DIE REINHEIT MEINER GEDANKEN.

Wenn ihr den Fokus auf diese Reinheit gerichtet haltet, werdet ihr keinen Müll produzieren, sondern ihr werdet so den Engeln helfen bei ihrer großen Arbeit.

Seid diszipliniert und achtsam mit euren Gedanken – seid euch immer dessen bewusst, wie wichtig das ist für die Erde, für die Menschen und für euren Aufstieg in die neue Dimension.

ICH BIN DIE REINHEIT UND KLARHEIT
MEINER GEDANKEN.

Lasst eure Überproduktion von Gedanken einfach los, lasst sie ins Licht fließen, ohne ihnen Beachtung zu schenken.

So werdet ihr frei von diesen mentalen Spielen, die euch so besetzt halten.

ICH BIN MEISTER ST. GERMAIN, und ich danke euch, dass ihr mir eure Aufmerksamkeit geschenkt habt.

Ich grüße euch an diesem Abend. Ich komme aus der Stille und bringe euch diese Stille vorbei. Sie liegt in euch und ihr könnt sie jederzeit besuchen. Oder ruft sie an – sie wird sich gleich manifestieren.

ICH BIN DIE STILLE, DIE ICH IN MIR TRAGE.
ICH BIN DIE STILLE, DIE ICH JETZT RUFE.
ICH BIN DIE STILLE.

So breitet sie sich sehr schnell aus – und ihr werdet erstaunt sein, wie sie um sich greift und sich vertieft.

So kommt ihr in einen Raum, der so still ist, dass die Geräusche von außen nicht mehr stören. Ihr werdet sie mit der Zeit nicht einmal mehr wahrnehmen. Sie werden einfach nicht mehr existieren.

Versucht es doch einfach und staunt über die Wirkung.

ICH BIN STILLE.
ICH BIN STILLE.
ICH BIN STILLE.
ICH BIN MEISTER ST. GERMAIN.

Ich grüße euch an diesem Abend der fortwährenden Umkehrung.

Es gibt viele Menschen, die sich gegen diese Umkehrung sträuben. Sie wollen weiter und weiter stürmen und realisieren nicht, dass es schon lange Zeit ist, umzukehren und nach Hause zu gehen.

So ist es oft so, dass die Energie bei einer Umkehrung noch einmal überdreht, bevor sie sich dann endgültig für die Richtung nach Hause entscheidet.

ICH BIN DER WEG NACH HAUSE.

So wollen wir wieder einmal eine kleine Meditation machen zusammen.

Schließt eure Augen und atmet ruhig ein und aus.

Entspannt euch immer mehr – bei jedem Atemzug lasst ihr mehr los. Spürt in diese Entspannung hinein.

Dann stellt ihr euch eine Spirale vor, die durch euren Körper läuft. Sie dreht sich im Uhrzeigersinn rechts herum und sie steigt aufwärts.

Dann stellt ihr euch eine zweite Spirale vor, die durch euren Körper läuft. Sie dreht sich im Gegenuhrzeigersinn links herum und sie steigt ebenfalls aufwärts.

Wir lassen diese Spiralen laufen für einige Zeit – dann beginnen wir die Spiralen umzupolen – die Spirale, die rechts herum dreht, dreht sich nun links herum, und die Spirale, die links herum dreht, dreht sich nun rechts herum. Wenn ihr die Spiralen nebeneinander gestellt habt, die rechts drehende rechts im Körper und die links drehende links im Körper, könnt ihr nun feststellen, dass die Bewegung durch die Umpolung nun nach innen gerichtet ist.

Der Weg nach Hause ist eine Rückkehr in
mein Inneres, in die Essenz meines Wesens.

Lasst diese Spiralen nun einfach laufen und macht diese Meditation immer wieder, bis der Körper die Umpolung akzeptiert und integriert.

Ich danke euch für eure Aufmerksamkeit.

Ich Bin der Weg nach Hause.
Ich Bin Meister St. Germain,
und Ich Bin den Weg schon gegangen.

Ich grüße euch an diesem Abend der Ruhe und des Friedens.

Auch wenn viele Menschen diesen Frieden und diese Ruhe nicht spüren können, sind sie doch hier und sehr manifest.

ICH BIN RUHE.
ICH BIN FRIEDEN.

Erst wenn ihr den inneren Frieden gefunden habt, könnt ihr auch Frieden ausstrahlen. Ruhig bleiben reicht nicht aus – erst wenn ihr im Zustand des Friedens seid, könnt ihr in jeder Situation dieses Sein ausstrahlen und dabei etwas verändern.

Dann bringt euch nichts mehr aus der Ruhe – einfach, weil ihr aus der Tiefe heraus wisst, dass alles so ist, wie es eben sein muss. Es ist alles gut! Und ihr könnt ruhig weitergehen – ohne zu planen und ohne vorauszusehen. Wenn ihr diesen Frieden gefunden habt, seid ihr immer im Augenblick und die Zukunft kümmert euch nicht, denn ihr wisst, dass in der Zukunft das sein wird, was ihr gerade jetzt fühlt, denkt und tut.

ICH BIN FRIEDEN.
ICH BIN RUHE.

Spürt die Kraft, die aus diesem Zustand entsteht – sie trägt euch, sie stützt euch und sie leitet euch.

Ich danke euch, dass ihr diesen Zustand anstrebt und daran arbeitet, um Frieden zu manifestieren.

ICH BIN MEISTER ST. GERMAIN.

Ich grüße euch an diesem Abend, wo etwas abgeschlossen wird.

Meine Lehren sind natürlich noch nicht beendet – doch heute schließen wir den zweiten Abschnitt ab.

Wenn ihr bis hierher gelesen habt und all das, was ich vermittelt habe, anwendet und umsetzt, habt ihr viel zu tun.

ICH BIN

ist in allen Situationen in eurem Leben einsetzbar, wenn ihr es mit reiner Absicht tut. Wenn ihr in einer Situation unsicher seid, was jetzt zu tun ist oder was ihr denn sagen wollt, dann sagt einfach:

NUR GOTT HANDELT HIER.

Und schon geht alles in die richtigen Bahnen. Dabei solltet ihr nicht vergessen, dass dieser handelnde Gott nicht in eurer chronologischen Zeit zu finden ist. So wartet also nicht sofort auf eine Reaktion – manchmal kommt sie jedoch schneller, als ihr denken könnt. Manchmal könnt ihr sie vielleicht nicht wahrnehmen, weil es nicht ganz so geschieht, wie ihr euch das vorgestellt habt – doch es wird immer genau das sein, was eben geschehen soll. Also akzeptiert es einfach und geht weiter.

So machen wir noch eine kleine Meditation zum Abschluss:

Schließt eure Augen und atmet ruhig durch.

Lasst dabei alles los, was ihr an Verspannungen in eurem Körper spüren könnt. Bei jedem Ausatem lasst ihr noch mehr los, bis ihr euren Körper nicht mehr als Störfaktor spüren könnt.

Dann stellt euch eine Zelle vor, die kleinste Einheit eures Körpers. Ihr könnt euch vorstellen, dass sich in jeder Zelle eine goldene Acht dreht, oder ihr könnt auch eine kleine Licht- oder Kristallpyramide nehmen – wie es für euch gerade stimmt. Lasst diese Acht oder die Pyramide sich in eurer Zelle bewegen – sie soll sich drehen, bis ein Punkt erreicht ist, wo vollkommene Balance herrscht. Dann geht sie in ein Stadium über, wo sie einfach nur noch vibriert, um die Balance zu halten. Gebt ihr den Auftrag, sich in Balance zu halten, und ich kann euch versichern, sie wird alles dafür tun, diese Balance zu halten und jede Störung sofort wieder auszugleichen.

Ich Bin die Balance in meinem Körper.
Ich Bin die Balance in meinem Leben.
Ich Bin die Balance,
die jetzt Einzug hält in meinem Leben.
Ich Bin die Balance für mich und die Mutter Erde.
Ich Bin die Balance.
Ich Bin Balance.
Ich Bin.

So danke ich euch herzlich, dass ihr mir zugehört habt und nun mit diesen Lehren weiter arbeitet. Ich werde euch immer innerlich begleiten, also öffnet eure inneren Ohren, damit ihr mich auch wirklich hört.

So Sei Es.
Ich Bin Meister St. Germain,
und ich sage euch, ihr seid geliebt.

Die Autorin

Mein irdischer Name ist Ursula Allemann, ich bin 1949 geboren und lebe seit bald 15 Jahren auf der Kykladen-Insel Tinos.

Ich bin Atempädagogin nach Prof. Ilse Middendorf „Der erfahrbare Atem" seit bald 20 Jahren und habe mit meiner Freundin zusammen eine neue Therapieform (ANP –Aktivierung des neuen Potentials) entwickelt. Informationen darüber finden Sie auf der Website

www.heaven-and-earth.

Mein spiritueller Weg hat jedoch schon viel früher begonnen. Schon als Teenager war für mich die innere Sicht wichtiger als die laute Außenwelt. Mit der Ich Bin-Gegenwart arbeite ich schon viele Jahre, und so wurde ich wohl Übermittlerin von diesen neuen Lehren.

Mein Lebensmotto ist: Folge dem Impuls (Intuition) und lasse dich nicht durch Äußerlichkeiten ablenken.

Erreichbar bin ich über Post oder E-Mail:
Ursula Allemann, P.O.Box 32, GR-84200 Tinos
email: ursula_allemann@hotmail.com